Mohamed Yousri Hashem

Armazenamento hermético:

Mohamed Yousri Hashem

Armazenamento hermético:

Princípios e práticas

ScienciaScripts

Imprint

Any brand names and product names mentioned in this book are subject to trademark, brand or patent protection and are trademarks or registered trademarks of their respective holders. The use of brand names, product names, common names, trade names, product descriptions etc. even without a particular marking in this work is in no way to be construed to mean that such names may be regarded as unrestricted in respect of trademark and brand protection legislation and could thus be used by anyone.

Cover image: www.ingimage.com

This book is a translation from the original published under ISBN 978-620-2-00958-4.

Publisher:
Sciencia Scripts
is a trademark of
Dodo Books Indian Ocean Ltd. and OmniScriptum S.R.L publishing group

120 High Road, East Finchley, London, N2 9ED, United Kingdom
Str. Armeneasca 28/1, office 1, Chisinau MD-2012, Republic of Moldova, Europe
Printed at: see last page
ISBN: 978-620-7-88656-2

ÍNDICE DE CONTEÚDOS

PARTE I

ARMAZENAGEM HERMÉTICA: PRINCÍPIOS E PRÁTICAS

1. Introdução

A explosão demográfica dos países em desenvolvimento em todo o mundo está a criar uma procura sem precedentes de uma maior produção de cereais alimentares. Nos países em desenvolvimento, os cereais e as leguminosas são produzidos principalmente em pequenas explorações agrícolas. Os agricultores retêm parte da colheita para consumo próprio, acabando por vender o restante à população urbana. A preservação da qualidade dos cereais a nível das explorações agrícolas é, por conseguinte, de grande importância. No entanto, esta é uma tarefa difícil, particularmente nas zonas tropicais e subtropicais onde as tecnologias de secagem e armazenamento são deficientes ou completamente inexistentes.

Os insectos e os fungos que afectam os cereais armazenados causam perdas quantitativas e qualitativas graves, que têm implicações sérias na disponibilidade de alimentos, especialmente nas zonas do mundo onde o armazenamento de cereais é mal gerido devido à falta de conhecimentos e de tecnologia adequados (Sauer *et al.*, 1992; Harein e Davis, 1992). Para evitar perdas excessivas de qualidade e de quantidade durante a armazenagem de cereais, as práticas de secagem artificial e de arejamento por refrigeração, ou a utilização de insecticidas, são as técnicas mais frequentemente utilizadas pelos países que as podem pagar (Hall, 1980; Cuperus *et al.*, 1986; Brook, 1992; Harein e Davis, 1992; Bell, 1993; Arthur, 1994). Os países em desenvolvimento, contudo, recorreram principalmente à utilização de insecticidas.

Nestes países, a utilização indiscriminada e incorrecta de insecticidas para controlar a proliferação de insectos dos cereais armazenados deu origem ao desenvolvimento de estirpes resistentes de insectos, que exigem um aumento da dosagem e da frequência das aplicações para os manter sob controlo (Parkin, 1965; Dyte, 1970; Champ e Dyte, 1976). Além disso, a utilização de alguns insecticidas pode constituir um risco ecológico (USEPA, 1993) e para a saúde pública. Quando os agricultores dos países em desenvolvimento têm problemas com os insectos dos cereais armazenados, na ausência de conhecimentos técnicos avançados, tendem a comprar qualquer inseticida facilmente disponível, incluindo produtos químicos tóxicos como o malatião, a deltametrina, o primifos-metilo e o carbaril, que eram frequentemente utilizados nas zonas rurais dos países em desenvolvimento para controlar os insectos dos cereais armazenados. Por conseguinte, é imperativo desenvolver métodos alternativos que sejam economicamente viáveis e ecologicamente orientados para controlar os insectos e os fungos dos grãos armazenados - a armazenagem hermética pode ser um desses métodos alternativos.

A utilização do armazenamento hermético para a conservação de géneros alimentícios é tão antiga como nova e moderna. O armazenamento hermético de cereais era praticado na antiguidade em poços subterrâneos nas regiões secas e subtropicais do Médio Oriente. Norte de África. Índia, etc. Ainda não sabemos por que razão José não utilizou este método nos tempos bíblicos para conservar as grandes reservas de cereais no

Egipto durante os 7 anos de abundância.

Ao longo dos séculos, foram introduzidas melhorias práticas através de tentativas e erros e algumas das melhores estruturas herméticas subterrâneas tradicionais ainda são utilizadas atualmente.

Ainda existem fossas subterrâneas para armazenamento de cereais nas regiões áridas do Médio Oriente e ainda eram utilizadas no Egipto na década de 1940, tal como descrito por Attia (1948). O armazenamento hermético de pequenos lotes de cereais ainda é praticado em algumas sociedades agrícolas primitivas da África tropical: Calderon (1990) ficou espantado quando um membro idoso de uma aldeia lhe mostrou orgulhosamente feijão-frade sãos e não infestados, armazenados num recipiente de vidro *10-7* (garrafão), hermeticamente fechado.

Um dos promotores entusiastas do princípio do armazenamento hermético nos últimos tempos foi o famoso entomologista francês P. Vayssiere, que no seu artigo na primeira publicação da FAO sobre armazenamento de cereais (chamado armazenamento hermético): "o processo do futuro para a proteção dos géneros alimentícios" (Vayssiere, 1948). De facto, a investigação e o desenvolvimento activos dos aspectos científicos e práticos do método hermético de conservação de alimentos foram renovados intensamente nos anos 50 e persistiram até hoje (Bailey, 1955). Esta intensa atividade científica deveu-se à crescente sensibilização das agências ambientais e de saúde em todo o mundo para a presença de resíduos potencialmente nocivos dos pesticidas utilizados para a proteção dos alimentos armazenados, no ambiente e nos alimentos. Este facto restringiu significativamente a utilização de produtos químicos nos alimentos. Em 1980 e 1981, nos Estados Unidos da América, registou-se um desenvolvimento importante que estimulou a continuação dos trabalhos sobre a armazenagem hermética (USEPA, 1993). Calderon (1990) indicou que a Agência de Proteção Ambiental (EPA) aprovou a utilização de dióxido de carbono e azoto para todos os produtos agrícolas em bruto e transformados.

Milénios de prática agrícola, num mundo há muito dependente do armazenamento de grãos, provaram que o armazenamento hermético é um forte método alternativo para a preservação de grãos, desde alguns quilogramas até quantidades muito maiores (Hyde, 1965; Sigout, 1980; Sartori e Vitti, 1991; Kawasugi *et al.,* 1994; Vamava *et al.,* 1995). Nas zonas tropicais de alguns países da América Central, o armazenamento hermético de milho para consumo humano tem sido utilizado empiricamente. Para melhorar o desempenho do armazenamento hermético, são necessárias mais informações sobre os grãos armazenados nas condições de humidade encontradas durante a colheita e o armazenamento pelos agricultores nas zonas tropicais. Uma vez que o sucesso de um sistema de armazenamento hermético se baseia no esgotamento do oxigénio e na evolução do dióxido de carbono no recipiente de armazenamento, é importante determinar o impacto dos factores que influenciam estes parâmetros.

Por conseguinte, as investigações científicas modernas e os ensaios em fossos para determinar os mecanismos reais do armazenamento hermético foram iniciados desde o princípio deste século (Vayssiere, 1948; Bailey, 1955). Um grande número de ensaios sobre vários aspectos do armazenamento hermético foi subsequentemente efectuado em várias partes do mundo.

2. Terminologia e princípios do armazenamento hermético

2.1. Terminologia

Existem vários termos utilizados no âmbito da armazenagem hermética para a conservação de alimentos, nomeadamente armazenagem hermética; armazenagem hermética; atmosfera controlada (AC) e atmosfera modificada (AM). Existem certamente mais designações, embora menos utilizadas, que significam o mesmo método de armazenamento, tais como armazenamento sem oxigénio, subterrâneo, em fossos, etc. Obviamente, é necessária uma definição dos termos utilizados. As definições e clarificações seguintes são propostas por Vayssiere (1948) e Calderon (1990).

Armazenamento hermético

Trata-se da armazenagem de um produto agrícola num contentor, de modo a que o produto fique protegido de qualquer troca de gases ou líquidos com o ambiente exterior. Um armazém que não satisfaça rigorosamente esta condição de impermeabilidade aos elementos não pode ser considerado hermeticamente fechado e não garante suficientemente o produto que contém (Vayssiere, 1948).

Outra definição de armazenagem hermética é proposta por Calderon (1990): Na armazenagem hermética, a atmosfera foi modificada pela selagem hermética do recipiente de armazenagem, de modo a obter-se uma composição gasosa de atmosfera pobre em oxigénio (ou quase sem oxigénio) e rica em dióxido de carbono. A alteração da atmosfera pode ser conseguida quer biologicamente, através da respiração dos organismos existentes nos géneros alimentícios armazenados, quer artificialmente, utilizando geradores de gás exotérmicos ou catalíticos. O método mais moderno de modificar a atmosfera através da purga do recipiente de armazenagem com dióxido de carbono ou azoto e, em seguida, selando-o hermeticamente, também pertence à mesma categoria.

Armazenamento hermético

O armazenamento hermético tem exatamente o mesmo significado que o termo acima. A estrutura de armazenamento deve ser mantida hermeticamente fechada para que a MA atingida, benéfica para os alimentos nela armazenados, permaneça o mais estável possível (Calderon, 1990).

Atmosfera controlada (AC)

CA é a composição modificada do gás, geralmente produzida artificialmente, e mantida inalterada ou semelhante, através da geração adicional dos gases desejados (CO_2 ou N_2) ou da purga adicional do armazenamento com estes gases, fornecidos por cilindros pressurizados ou de outra forma. Esta introdução suplementar dos gases acima referidos é efectuada quando a sua concentração no recipiente selado desce para um nível inferior ao desejado. O resultado é um período mais longo de exposição dos géneros alimentícios e dos organismos à composição gasosa pretendida, criada na estrutura hermética de armazenamento. De facto, o método CA destina-se a tratar as possíveis pequenas fugas de gases (aumentando o teor de O2 no recipiente de armazenagem) que são quase impossíveis de evitar. Assim, o termo CA, embora comummente utilizado para descrever todo o assunto, tem de facto o seu próprio significado específico.

Atmosfera modificada (MA)

MA deve ser o termo geral, incluindo todos os casos em que a composição dos gases atmosféricos no recipiente de armazenamento foi alterada (modificada) de modo a criar nele condições favoráveis à preservação dos alimentos armazenados. Calderon (1990) espera que os termos acima definidos sejam úteis para os leitores e para os profissionais deste sector.

2.2. Princípios da armazenagem hermética

O grão está vivo e está sempre a respirar. Quando o grão está seco e não está infestado de insectos, a taxa de respiração é muito baixa: Quando os insectos estão presentes no grão, consomem oxigénio e produzem dióxido de carbono, água e calor. Os grãos húmidos respiram a uma taxa elevada, em grande parte porque o teor de humidade permite o desenvolvimento de fungos no grão e no seu interior, que também consomem oxigénio e produzem dióxido de carbono.

Assim, se os grãos húmidos ou infestados de insectos forem mantidos num recipiente hermético, com o tempo todo o oxigénio será substituído por dióxido de carbono, que se acumulará no recipiente. A respiração dos insectos e dos fungos será suprimida quando as concentrações de oxigénio e de dióxido de carbono atingirem determinados níveis mínimos e máximos, respetivamente. Por conseguinte, a eficácia do sistema hermético depende dos factores que provocam a deterioração do grão, matando-se a si próprios em consequência da sua própria respiração.

Pode demonstrar-se que, quando os grãos infestados são colocados num recipiente hermético, os insectos, através da sua respiração, reduzem o oxigénio de 20% para menos de 1% da atmosfera do recipiente. Ao mesmo tempo, aumentam a concentração de dióxido de carbono para cerca de 18%, condições em que morrem. A morte não é causada apenas pela elevada concentração de dióxido de carbono, pois com oxigénio suficiente disponível alguns insectos podem tolerar até 30% de dióxido de carbono.

Na prática, a concentração de dióxido de carbono, que é mais fácil de medir do que a concentração de oxigénio, acumula-se rapidamente, dependendo a velocidade de acumulação do grau de infestação: quanto mais pesada for a infestação, mais rápida é a acumulação de dióxido de carbono e a diminuição do oxigénio.

Nos microrganismos, como os fungos, a taxa de acumulação de dióxido de carbono pode ser mais rápida do que nos insectos, devido à respiração anaeróbica que pode ocorrer. Mesmo antes de todo o oxigénio ser consumido, a respiração anaeróbica pode começar e produzir quantidades apreciáveis de CO2. Isto provoca um aumento da pressão, cujo alívio deve ser previsto em qualquer tipo de silo de armazenagem utilizado para grãos húmidos. Os fungos, em geral, não aumentam de forma apreciável a humidades relativas inferiores a 75%, mas acima desta percentagem a taxa de crescimento aumenta rapidamente com o aumento da humidade. Acima de 75% de humidade relativa, o crescimento dos fungos é muito mais influenciado pelo teor de humidade do grão e, portanto, pela humidade relativa da atmosfera, do que o crescimento dos insectos (Hall e Hyde, 1954; Singh *et al.,* 1976).

Moreno *et al.,* (2000) verificaram que a mortalidade de *Sitophilus zeamais* era significativamente menor no sistema de armazenagem aberto do que no sistema hermético. De acordo com estes resultados, os insectos são os principais consumidores de oxigénio, seguidos pelos fungos e, finalmente, pelos grãos. A este respeito, Singh *et al.* (1976) verificaram que os insectos adultos de *Sitophilus oryzae* tinham um consumo de oxigénio de lOOpl/adulto/dia. Os insectos e os fungos combinam forças para esgotar o oxigénio, criando uma atmosfera muito desfavorável para si próprios (Moreno *et al.,* 2000).

3. A origem da armazenagem de cereais pelo homem

Os cereais, em especial a cevada *(Hordeum Vulgare)* e a espuma *(Triticum dicoccum,* uma variedade de trigo), constituíam os principais elementos da ração alimentar diária dos habitantes do antigo Egipto. A cevada (it)* e o emmer (b d t, b t j)* eram utilizados para cozer diferentes tipos de pão e bolos, bem como como moeda para o pagamento de salários, enquanto a cevada era também utilizada para a produção de cerveja. Durante o Império Novo (-1550-1070 a.C.), a cultura da espuma era mais importante do que a da cevada, pelo que o custo da primeira era significativamente inferior (-50%) ao da segunda. Os escribas registavam normalmente o emmer com tinta vermelha e escreviam a cevada com tinta preta (Heleck, 1976).

O armazenamento de cereais a longo prazo tornou-se uma medida de salvaguarda essencial contra a fome resultante da grave escassez de alimentos (principalmente devido à falta ou excesso de inundações do Nilo), que afligia frequentemente os habitantes do vale do Nilo durante a antiguidade. Assim, o armazenamento extensivo de cereais foi iniciado durante o Reino Antigo (-2575-2134 a.C.), ou seja, há cerca de 4,5 milénios (Levinson e Levinson, 1988; 1994).

A existência de armazéns de cereais no antigo Egipto pode ser facilmente documentada por vários modelos, relevos e pinturas de celeiros descobertos em túmulos de reis e notáveis falecidos, bem como por ruínas de enormes armazéns que tinham sido utilizados ao longo de toda a época dinástica (Schmitz, 1984). Modelos ou pinturas murais de celeiros (reflectindo a ocupação e as posses do falecido, Figs. 1; 2 e 3) eram frequentemente colocados nos túmulos (desde as primeiras dinastias), a fim de fornecer sustento para o κ a*, i. e.*. o eu espiritual da pessoa enterrada durante a sua vida eterna no submundo (d u at)*.

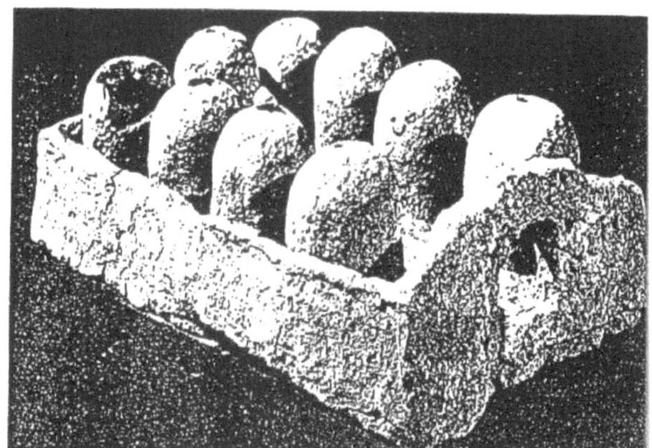

Fig. (1): Modelo funerário de um celeiro feito de lama do Nilo e palha cortada (~33x20x12cm) constituído por 9 câmaras de armazenamento abobadadas num pátio elevado com um portal frontal (Museu Egípcio, Turim, Inv. Suppl.15802). Os objectos são originários do Reino Antigo (-2575-2134 a. C.) e foram descobertos no antigo cemitério de Gebelein (Alto Egipto). Estes modelos impressionantes sugerem a existência de armazéns de cereais bastante espaçosos durante o período do Reino Antigo (Levinson e Levinson, 1994).

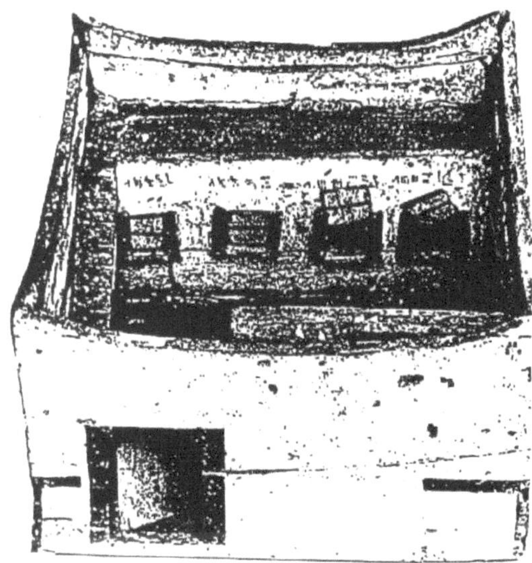

Fig. (2): Pequeno modelo em madeira de um celeiro de teto plano, delimitado por um pátio alto com uma entrada e uma escada de acesso à plataforma do telhado que tem 4 aberturas para a introdução de cereais (British Museum, Londres). O objeto funerário, encontrado em Assuão, é originário da época da VI. Dinastia. (-2323-2150 B. C.). As inscrições hieroglíficas em frente de cada unidade de armazenamento indicam a quantidade e o tipo de grãos armazenados. Este tipo de celeiro foi muito utilizado durante a época do Império Médio (-2040-1640 a. C.); consistia em várias grandes unidades de armazenamento condensadas num único edifício com um telhado plano, uma abertura e uma persiana por unidade (Levinson e Levinson, 1994).

Fig. (3). Desenho de parede de uma sepultura tebana do Reino Novo (-1550 - 1070 a. C.) representando o método habitual de armazenamento de cereais (Wilkinson, 1837). As 3 câmaras de armazenamento superiores são mostradas em secção transversal, de modo a visualizar que estão cheias, enquanto as 2 câmaras de armazenamento inferiores estão a ser enchidas por 2 trabalhadores que despejam o grão nas aberturas do teto. A parede embelezada que rodeia o celeiro é revelada de cima, enquanto a entrada é mostrada em vista frontal. Um carregador (~3,5x o tamanho de um trabalhador na escada), carregando ao ombro um saco cheio de grama (conteúdo habitual - 76 litros), é mostrado em vista lateral. Se as 2 unidades de armazenamento inferiores fossem desenhadas na proporção correcta do tamanho dos trabalhadores em pé nas escadas, o diâmetro da base e a altura de uma unidade de armazenamento deveriam ser - 2,3 m e - 3,8 m, respetivamente.

O extenso dicionário hieroglífico compilado por Budge (1978) revela palavras para o deus-grão (n p r, n p a)*, o grão colhido (n p r)* e o grão peneirado (s s)*, bem como palavras para a cevada (i t)*, a espelta (b d t, b tj)* e alguns tipos de armazéns de cereais (a s' t, n p r' t, s n w t)*. A figura (4) mostra que 6 das primeiras 8 palavras hieroglíficas contêm o determinante de grão representado por três grãos horizontais ou verticais, enquanto 3 das 5 palavras que designam cereais cultivados contêm o determinante de medida de grão representado por um pequeno cálice de medição do qual são vertidos alguns grânulos. Três das 4 últimas palavras hieroglíficas listadas contêm o ideograma para celeiro, na forma de um armazém de cereais abobadado. N p â (n p r)*, o deus do grão, simboliza o sucesso do amadurecimento e das colheitas de esmeril e cevada. A associação de N p r* com a agricultura é talvez anterior ao respetivo papel de Osíris, e ambos os deuses foram caracterizados nos textos do Caixão como "vivendo depois de terem morrido".

Assim, o emprego precoce das palavras hieroglíficas acima referidas (Fig. 4) atesta o cultivo e o armazenamento de cereais no Egipto logo no início do seu desenvolvimento cultural, ou seja, há pelo menos 5 milénios (Levinson e Levinson, 1994).

As palavras hieroglíficas são transliteradas pelo latim (cf. Fig. 4).

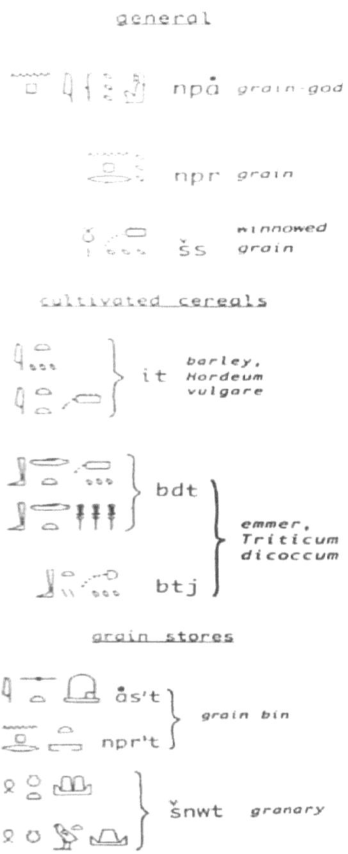

general

npȧ *grain-god*

npr *grain*

šs *winnowed grain*

cultivated cereals

it *barley, Hordeum vulgare*

bdt

btj *emmer, Triticum dicoccum*

grain stores

ȧs't *grain bin*

npr't

šnwt *granary*

Fig. (4): Palavras hieroglíficas como prova do cultivo e armazenamento de cereais no antigo Egipto. A transliteração está de acordo com o dicionário de E. A. W. Budge (a indica um a , e ou i curto, enquanto s indica sh). O *Hordeum vulgare* foi a espécie de cevada predominante durante todo o período dinástico. O emmer *(Triticum dicoccum),* a principal variedade de trigo, tem sido continuamente cultivado no antigo Egipto desde o período pré-dinástico até à época romana (Darby *et al.*, 1977).

4. Estruturas herméticas desde o pré-neolítico até aos nossos dias:

4.1. Conceitos iniciais dos princípios de estanquidade ao ar

Em praticamente todas as sociedades em que se praticou o armazenamento subterrâneo hermético, a necessidade foi a de preservar os cereais durante um período de tempo bastante longo (2 ou mais anos) e de os manter livres de infestações. Uma segunda razão importante em períodos de insegurança política parece ser a necessidade de esconder os cereais dos vizinhos e dos inimigos, e também as pessoas em todo o mundo recordam a utilização do "trigo como arma". O reconhecimento de que a estanquidade ao ar era um fator importante para o sucesso da conservação dos cereais foi mencionado pelo escritor romano Varro no século I a.C. (De Lima, 1990). Quando Varro descreveu em pormenor as técnicas de construção e a necessidade de ter cuidado ao esvaziar, permitindo o arejamento completo do poço e testando-o com uma lâmpada acesa para determinar se a entrada podia ser feita em segurança, o que indicava uma consciência do esgotamento do oxigénio (Sigout, 1980).

4.2. Estruturas subterrâneas

4.2.1. Fossos imprevistos:

No Médio Oriente pré-neolítico (9000 a.C.) e na Europa neolítica (5000 a.C.), utilizavam-se fossas subterrâneas pouco profundas (30 a 100 cm), semelhantes às fossas pouco profundas utilizadas atualmente nas regiões mais secas do Sudão (Kamel, 1980).

Cestos de palha ou de junco (diâmetro 0,3-1,8 m, altura 0,3-0,9 m) ou potes de barro (altura -1.0m) inseridos no solo e cobertos por esteiras eram os celeiros prototípicos dos habitantes de Merimde (Delta) e de Fayoum durante o período neolítico. Enquanto as torres cilíndricas de barro, com um telhado chanfrado e duas aberturas quadradas a diferentes níveis de altura, foram utilizadas como celeiros durante a primeira dinastia (Badawy, 1954). Os celeiros mais espaçosos utilizados ao longo da época dinástica eram predominantemente cilíndricos com um telhado abobadado (Fig. 3) e menos frequentemente rectangulares com um telhado plano (Fig. 2).

Os celeiros eram geralmente construídos com lama do Nilo misturada com areia e palha; tinham uma abertura no teto para a introdução dos cereais, bem como uma portinhola acima ou perto da base para a retirada dos mesmos (Fig. 3). A utilização da lama cozida ao sol como material de construção dos celeiros era certamente vantajosa: proporciona um isolamento adequado contra o calor, o frio e a humidade, bem como uma troca gasosa adequada num clima quente e seco (Levinson e Levinson, 1985).

A Fig. (1) mostra um modelo funerário de um celeiro de barro (~ 33 x 20 x 12 cm) constituído por 9 câmaras de armazenamento em forma de cúpula, colocado numa plataforma baixa ao longo de 3 paredes de um pátio fechado com um portão. O modelo foi encontrado na Necrópole de Gebelein (Alto Egipto) e está atualmente exposto no Museu Egípcio de Turim; é originário do Reino Antigo. As câmaras de armazenamento podiam ser enchidas por uma abertura apical, fechadas por um tampão cónico (evidente numa das câmaras de armazenamento) e esvaziadas por um obturador perto da base. Pode supor-se que celeiros volumosos deste tipo foram utilizados durante todo o Antigo Reino (Levinson e Levinson, 1994).

Um modelo de túmulo de madeira de um celeiro fechado com um telhado plano, originário da VI. Dinastia (-2323-2150 a.C.), está representado na Fig. (2), (British Museum, Londres). Este objeto, encontrado em bom estado em Assuão, é constituído por quatro compartimentos de armazenamento adjacentes, que podiam ser enchidos através de aberturas no teto e esvaziados por saídas frontais, bem como por uma escada de acesso à plataforma do teto. As inscrições na parte da frente de cada compartimento de armazenagem referem-se ao tipo e à quantidade de cereais armazenados. A disponibilidade de numerosos modelos deste tipo de celeiro em túmulos do Império Médio (-2040-1640 a.C.) indica a utilização predominante de armazéns de cereais com teto plano durante este período (Levinson e Levinson, 1985).

Um desenho de um túmulo tebano do Novo Reino revela um celeiro bastante grande (construído com lama do Nilo), composto por 5 câmaras de armazenamento em forma de cúpula, entre as quais 3 estão cheias até à borda, enquanto duas estão a ser enchidas com cereais através de aberturas no teto. É também visível um trabalhador de grandes dimensões a transportar um saco cheio de cereais (capacidade normal - 76 litros) para o celeiro (Fig. 3). Estas câmaras de armazenamento tinham provavelmente um diâmetro de base de ~2,3 m e uma altura de -3,8 m. É interessante notar que os armazéns em forma de cúpula foram predominantemente utilizados durante o Novo Reino, enquanto que o emprego de rectângulos diminuiu durante este período (Levinson e Levinson, 1994).

Vários celeiros regionais e centrais de grandes dimensões, como os de El-Amama. El-Kab, Illahun e no Ramesseum, devem ter fornecido cereais à população do Baixo e do Alto Egipto durante o Novo Reino (Borchardt e Rieke, 1929; Badawi, 1954). Os celeiros acima referidos recordam os enormes armazéns de cereais de Pitom e Ramsés na região do Delta, mencionados na Bíblia (Êxodo 1,11) (Levinson e Levinson, 1994).

Quando as ferramentas de ferro se tornaram disponíveis para a maioria das sociedades, foram produzidas estruturas subterrâneas mais profundas com desenho e forma de acordo com as experiências desenvolvidas pelos artesãos locais. As mais comuns parecem ser as formas designadas por "garrafa", "jarro" ou "cabaça". Mas também são populares as formas cónicas e cilíndricas. Estes silos têm geralmente 2 a 2,5 m de profundidade e 3 a 3,5 m de largura, com um orifício de entrada circular estreito de 60 a 80 cm de diâmetro. [th]Estes silos foram utilizados em grande parte da Europa, incluindo a Grã-Bretanha, até à época medieval no norte da Europa e até ao século XVIII em partes do sul da Europa. Ainda hoje são utilizados no Egipto, na Etiópia e em partes da África Austral (por exemplo, na Suazilândia). As capacidades variam de 1 a 5 t. Na Índia, são frequentemente construídas fossas semelhantes com até 5 m de profundidade e 30 t (De Lima, 1990).

No Sudão, existem fossas pouco profundas em trincheiras de forma retangular ou com lados inclinados, com 10 m de largura, 2,5 m de profundidade e 50 a 150 m de comprimento, embora os comerciantes da Somália utilizem versões mais pequenas com capacidade até 150 t (Kamel, 1980). Em 1939, na Austrália, foram também utilizadas trincheiras e poços pouco profundos para armazenar excedentes de trigo, que eram cobertos com um lençol impermeável e uma camada de terra (Spafford, 1939).

Os locais de armazenagem subterrânea situam-se em zonas secas, onde o solo é compacto e o nível do lençol freático é baixo. É necessário ter o cuidado de forrar as covas com palha e caules de plantas e de cobrir cuidadosamente os grãos com material vegetal seco antes de os cobrir com terra ou vedar com pedras.

As culturas mais frequentemente armazenadas são o milho, o arroz (e paddy), o trigo, a cevada, o feijão e outras leguminosas. Os períodos de armazenagem são geralmente de 2 a 3 anos, podendo ir até 10 anos. As perdas não foram registadas quantitativamente, mas são sempre consideradas pequenas. É claro, portanto, que as pessoas que usam fossas subterrâneas para o armazenamento de grãos se dão ao trabalho e ao esforço de construir a estrutura porque os benefícios superam os custos e que elas constroem essa estrutura com a intenção de armazenar por longos períodos de tempo (De Lima, 1990).

4.2.2. Fossas e caixotes do lixo reforçados

Quando as primeiras fossas subterrâneas foram construídas em áreas onde a estrutura do solo circundante não era autossustentável, era comum fazer algumas formas de reforço das paredes, por exemplo, reboco e cozedura de argila/lama, revestimento com tijolos, etc. Estas estruturas, construídas há mais de um século, são ainda hoje utilizadas no Médio Oriente, na China e na Índia (Girish, 1980; Kamel, 1980; Rannfelt, 1988). Na Argentina, grandes quantidades de cereais foram armazenadas em fossos subterrâneos de 500 toneladas de capacidade cada, cobertos com feltro betumado e terra durante a Segunda Guerra Mundial (1939 a 1945), porque a colheita não podia ser exportada. O grão (trigo, 12 a 13% de humidade) foi armazenado durante 2 a 3 anos com perdas insignificantes. Como experiência especial, o governo argentino armazenou 6000 t de trigo em estruturas semelhantes continuamente durante 14 anos (1943 a 1956) antes de o exportar em perfeitas condições para a Europa (Lopez, 1946; 1973). Na Tanzânia e no Malawi, em 1956, foram construídos silos subterrâneos de betão armado, revestidos de betume e com uma capacidade de 120 t cada (Hall *et al.*, 1956), mas não foram muito utilizados. Na Somália, a Agricultural Development Corporation construiu e explora uma série de silos rectangulares de betão armado com uma profundidade abaixo do solo de 4 a 5 m e outras dimensões de acordo com a capacidade necessária que, em alguns casos, excede 1000t.

4.3. Estruturas semi-subterrâneas

Recentemente, foram utilizados contentores semi-enterrados reforçados em grande escala na Argentina, em Chipre e no Quénia. Embora as estruturas tenham sido construídas em zonas com um nível freático baixo, foram incorporadas nos projectos membranas impermeáveis adequadas para excluir as águas subterrâneas e as superestruturas foram construídas utilizando técnicas de construção modernas.

As estruturas argentinas em 1973 tinham uma capacidade de 2,5 milhões de t: 2 milhões com a Junta Nacional de Cereais e 0,5 milhões com empresas privadas (Lopez, 1973). Na Argentina, as estruturas são construídas escavando a terra para formar longas trincheiras semicirculares com cerca de 4 m de profundidade e 1,5 m acima do solo, com uma base de 5 m de largura e um topo de 8 m de largura. As trincheiras são divididas em células com capacidade para 500 a 600 t de cereais. As paredes que separam as células são construídas em betão armado. Os lados da célula são impermeabilizados com um total de 11 camadas de asfalto reforçadas numa sanduíche com 3 camadas de feltro de asfalto e lã de fibra de vidro. No telhado é aplicada uma membrana impermeável semelhante. Foram utilizadas várias concepções de telhados. Inicialmente, foram utilizados silos de cobertura flexíveis que formavam uma ligação contínua com as camadas impermeáveis da estrutura subterrânea. Estes silos mantiveram as suas propriedades herméticas durante vários anos. Nos silos em que foram construídos tectos fixos, a ligação desenvolveu fissuras devido às diferenças de temperatura.

Os silos de Chipre e do Quénia são de conceção semelhante: 8 silos (cada um com uma capacidade de 900 t) foram construídos em Nicósia, Chipre, em 1955-1956, e 70 silos (cada um com uma capacidade de 1500 t) foram construídos em Nakuru e Kitale, no Quénia, em 1967-1968. Os silos são construídos em locais com um lençol freático de pelo menos 9,14 m (30 pés) abaixo do nível do solo, o que dá uma margem de segurança de 10 pés, uma vez que o cone subterrâneo tem 6,1 m (20 pés) de profundidade. O cone subterrâneo é construído em betão armado tratado com quatro a cinco camadas de emulsão betuminosa embebida numa tela de nylon. Quando a camada está seca, é tapada com areia e coberta com uma camada de argamassa de cimento de 1/2 polegada. Os varões de reforço são colocados em posição e uma camada de betão estrutural de 4 polegadas de espessura é colocada na inclinação do cone. A viga anelar é então formada ao nível do solo. O diâmetro da viga anelar é de 64 pés (19,5 m). É necessário ter o cuidado de assegurar que a membrana betuminosa seja completamente contínua. É construída uma cúpula de 6,1 m de altura, que se apoia na viga anelar. Uma vez que a cúpula tem de suportar o seu peso e outras forças, incluindo o peso das operações na superfície e as pressões internas dos grãos, é formada como uma concha ondulada. São colocados varões de reforço nos vales e na crista de cada ondulação e é aplicada argamassa de betão em duas camadas de 1,25 polegadas (3,2 cm) e 0,75 polegadas (1,9 cm) de espessura, separadas por uma aplicação de betume. Uma outra membrana de betume é aplicada externamente em quatro camadas, utilizando uma tela de nylon para a ligação. A membrana é continuada através do meio-fio da viga anelar para se juntar à membrana colocada na base do cone. Isto assegura uma estrutura completamente estanque.

Em Chipre, os silos já não são utilizados como estruturas herméticas, uma vez que ultrapassaram o seu período de utilidade. No entanto, quando utilizadas durante períodos de 3 anos de armazenagem contínua, as perdas foram inferiores a 2 t por 1000 armazenadas (Oxley *et al.*, 1960). No Quénia, os silos estão atualmente a ser utilizados como estruturas herméticas. Durante um período de 10 anos, de 1970 a 1980, a qualidade do grão foi controlada através da pesagem e da retirada do grão e da manutenção de controlos de qualidade especiais durante o período de armazenagem. Durante este período de 10 anos, cada silo foi utilizado para fins comerciais pelo menos duas ou três vezes, com períodos de armazenagem contínua superiores a 4 anos. Em geral, as perdas anuais foram inferiores a 0,06% em peso para um armazenamento de 12 a 18 meses, mas aumentaram até 0,3% quando o armazenamento foi de 3,5 a mais de 4 anos (De Lima, 1980a).

4.4. Armazenamento subaquático

Mitsuda *et al.* (1972), no Japão, propuseram a utilização de um sistema de armazenamento subaquático a nível nacional para preservar o arroz e outras culturas de cereais para necessidades futuras. Foi projetado um sistema de armazenamento subaquático com uma capacidade de 10 000 toneladas. Os custos de construção e manutenção deste novo sistema de armazenagem parecem bastante baixos quando comparados com os custos dos sistemas de armazenagem com temperatura e humidade controladas.

O método de armazenamento proposto é altamente imune a catástrofes naturais como tufões ou inundações, à devastação por roedores e gorgulhos e a infecções fúngicas, que atualmente causam perdas consideráveis.

Quanto ao espaço de armazenamento, deve ser feita uma escolha cuidadosa entre lagos, poços e locais subterrâneos, dependendo da conveniência, economia e adequação. Todos estes factores podem variar de acordo com as situações locais.

4.4.1. Desenvolvimento de embalagens adequadas

Estes locais de armazenagem requerem embalagens especiais. Até agora, os materiais de embalagem utilizados para os cereais têm sido considerados apenas como um meio de proteção do conteúdo durante o transporte. Pouca atenção tem sido dada à preservação da qualidade. Por conseguinte, foi necessário desenvolver novos **materiais de embalagem adequados para o armazenamento subaquático de cereais. Estes materiais de embalagem devem ser:**

- ❖ **Resistente ao ataque estrutural pela água.**
- ❖ **Resistente a choques físicos.**
- ❖ **À prova de ar.**
- ❖ **À prova de humidade.**

Os sacos de palha, juta e papel convencionalmente utilizados não satisfazem estes requisitos. Por outro lado, as películas de plástico recentemente desenvolvidas para a embalagem de alimentos parecem ser aceitáveis. Contudo, estas películas, quando utilizadas individualmente, não satisfazem os requisitos acima mencionados. Assim, foi necessário selecionar películas adequadas de entre as disponíveis comercialmente e laminá-las. A película laminada considerada altamente satisfatória para o efeito era composta por uma película de nylon orientado, para uma elevada resistência física, uma folha de alumínio ou uma película de cloreto de polivinilideno, para a impermeabilidade ao gás e ao vapor de água, e uma película de polietileno, para a capacidade de selagem térmica. As excelentes propriedades da película laminada são comparadas com as das películas componentes (Mitsuda *et al.,* 1971; 1972).

4.4.2. Processo de armazenamento

Mitsuda *et al.,* 1971; 1972) realizaram experiências subaquáticas desde maio de 1967 à escala laboratorial e, desde abril de 1969, experiências em grande escala no lago Biwa (o maior lago do Japão).

Na experiência em grande escala, foram utilizados arroz em casca, castanho e polido, bem como trigo e soja. Foram secos ao ar para reduzir o teor de humidade para 11-14% e depois foram embalados como se mostra na Fig. (5).

Sessenta kg de grãos ou feijão foram embalados duplamente com sacos internos e intermediários, que foram selados ao ar ou em atmosfera enriquecida com CO_r. Estes sacos foram então embalados num saco exterior com pesos. Cada saco tem o seu objetivo individual: O recipiente flexível exterior protege os sacos do meio de possíveis quebras durante o transporte e manuseamento. O saco do meio, feito com a película laminada descrita acima, é o mais importante para a proteção da qualidade.

O saco interior, constituído por uma única camada de película de nylon permeável à humidade, permite que a humidade produzida pela respiração do grão de cereal durante o período prolongado de armazenagem hermética saia do saco interior e se condense entre os sacos interior e intermédio.

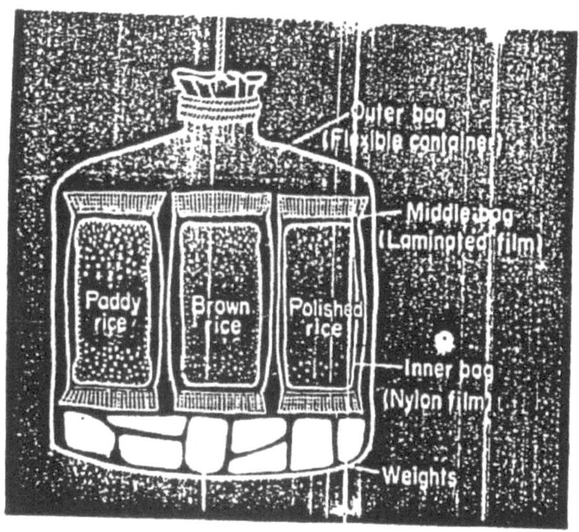

Fig. (5): Embalagem para armazenamento subaquático de cereais (Mitsuda *et al.*,1972).

O sistema experimental é apresentado na Fig. (6). Foi cuidadosamente concebido para que os cereais pudessem ser armazenados à temperatura desejada - isto é, a uma certa profundidade - e repetidamente amostrados puxando os recipientes para cima com corda de nylon (Fig. 6), e para que não interferisse com a passagem dos barcos de pesca.

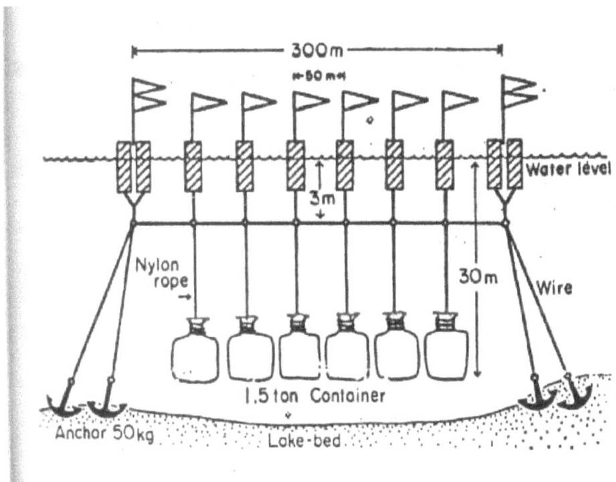

Fig. (6): Sistema experimental de armazenamento subaquático de cereais (Mitsuda *et al.*, 1972).

4.4.3. Efeito da armazenagem subaquática na qualidade dos cereais

Mitsuda *et al.,* (1972) afirmaram que, a vários intervalos, o recipiente flexível era levantado da água e objeto de amostragem. As análises do arroz armazenado sob temperatura ambiente e do arroz armazenado sob condições atmosféricas foram as seguintes

Teor de humidade: Como mostra a Fig. (7), o aumento do teor de humidade do arroz armazenado debaixo de água foi inferior a 0,5% mesmo após um ano, ao passo que o teor de humidade do arroz armazenado ao ar livre aumentou gradualmente. Observou-se um efeito acentuado no arroz em casca.

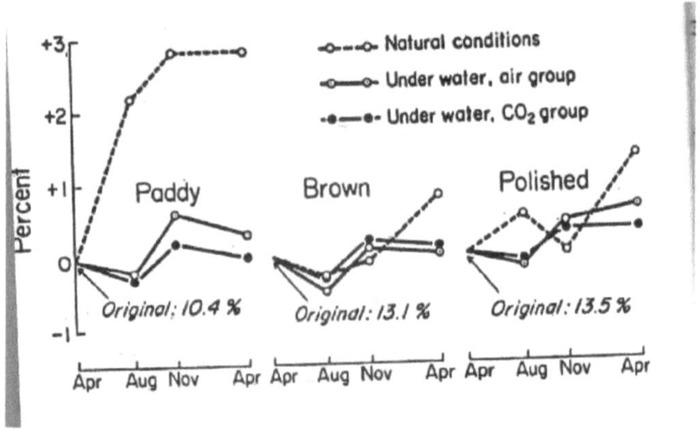

Fig. (7): Alterações no teor de humidade do arroz durante o armazenamento subaquático (Mitsuda *et al.*,1972).

Composição química: A Fig. (8) mostra que a variação do teor de ácidos gordos livres, uma medida de rancidez, é menor no arroz armazenado debaixo de água do que no arroz armazenado em condições atmosféricas. As alterações nos teores de vitamina Bi, açúcar redutor, azoto solúvel em água e outras substâncias também foram menores no arroz armazenado debaixo de água. As alterações observadas no armazenamento subaquático situam-se dentro dos intervalos encontrados no armazenamento em armazéns com temperatura controlada.

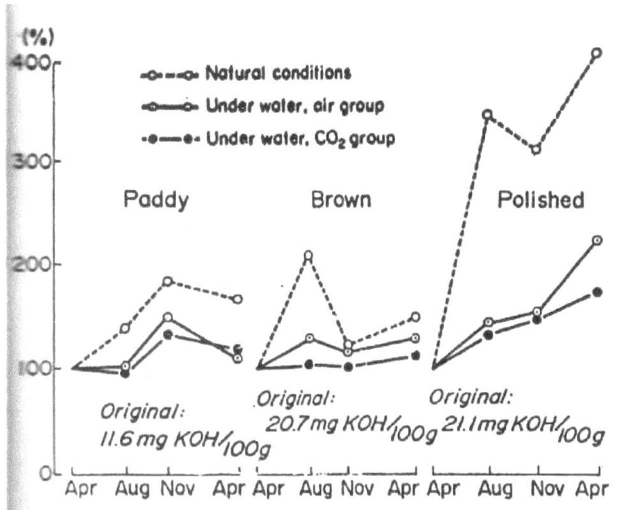

Fig. (8): Alterações no teor de ácidos gordos livres do arroz durante o armazenamento subaquático (Mitsuda *et al.*,1972).

Atividade biológica: Como mostra a figura (9), a capacidade germinativa do arroz paddy armazenado debaixo de água manteve-se, ao passo que a do arroz armazenado em condições atmosféricas diminuiu. Foram também detectadas actividades biológicas consideravelmente mais elevadas, por exemplo, as actividades da catalase e da peroxidase, nos grãos armazenados debaixo de água do que nos armazenados em condições naturais. Isto demonstra que a frescura original do grão se mantém mesmo após um armazenamento prolongado debaixo de água.

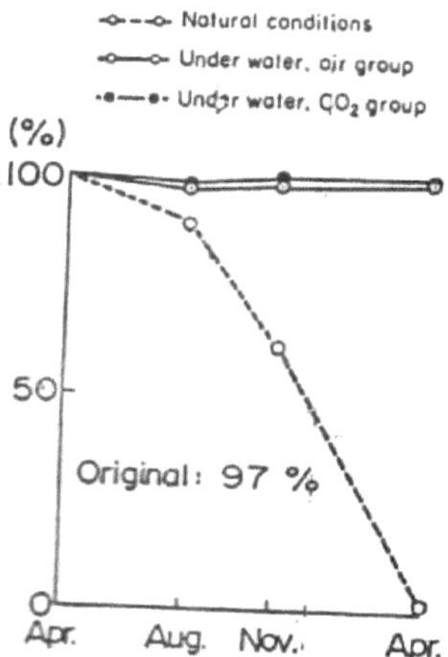

Fig. (9): Capacidade germinativa do arroz-paddy mantida durante o armazenamento subaquático (Mitsuda *et al.*,1972).

Palatabilidade: A intensidade do sabor a ranço, determinada pela quantidade de pentanal e hexanal, e as características reológicas, medidas por índices texturométricos no arroz cozinhado. A deterioração ocorreu a uma taxa consideravelmente mais baixa para o arroz armazenado debaixo de água do que para o arroz armazenado em condições atmosféricas. Obtiveram-se resultados semelhantes no que respeita à qualidade de cozedura; os dados indicam que o aspeto, o aroma, o sabor, a adesividade e a qualidade geral do arroz cozido preparado a partir do grão armazenado debaixo de água são semelhantes aos do arroz armazenado a baixa temperatura controlada.

A atmosfera enriquecida com CO2 revelou-se mais eficaz do que o ar puro na prevenção de alterações na composição química, na diminuição da atividade da peroxidase e no retardamento do desenvolvimento do sabor a ranço.

Relativamente ao trigo e à soja, quase todos os ensaios deram resultados semelhantes aos obtidos com o arroz (Mitsuda *et al.,* 1971; 1972).

4.5. Armazenamento hermético acima do solo

4.5.1. Em lojas convencionais

Na China, (Lu Quianyu, 1980) demonstrou que a armazenagem hermética pode ser utilizada em grandes armazéns rectangulares a granel. As paredes e o chão dos armazéns são tornados herméticos por pintura com asfalto. O grão é carregado e uma folha de polietileno é espalhada sobre a superfície do grão e selada com cera numa vala no topo da parede.

Num segundo método, todo o grão nas pilhas de sacos é coberto com uma membrana de policloreto de vinilo (PVC). Uma folha de PVC é colocada no chão e, sobre ela, são colocados sacos de palha ou de juta como esteira. A pilha é construída e coberta com película de PVC de 0,23 mm (as fugas são remendadas com um adesivo de dicloroetano e percloroetano, 4:1) e selada ao lençol de solo com uma máquina de soldar portátil de alta frequência. Quando o arroz é armazenado com um teor de humidade inferior a 11,2%, a redução de oxigénio é muito reduzida. Com teores de humidade mais elevados, de 14 a 16%, ocorre condensação na superfície do grão e desenvolvem-se bolores *(Aspergillus* e *Rhizopus)* que provocam uma rápida diminuição do teor de oxigénio. O armazenamento hermético que utiliza o esgotamento natural do oxigénio é amplamente praticado, especialmente no verão, e é muito apreciado pelo pessoal do armazém. Quando necessário, o arrefecimento artificial até 20 a 30°C é efectuado em conjunto com o armazenamento hermético natural.

4.5.2. Em silos a granel

As estruturas de betão ou de metal dos silos acima do solo não foram utilizadas para armazenamento hermético, mas foram tornadas herméticas para utilização com misturas de dióxido de carbono ou de azoto para reduzir a quantidade de oxigénio presente nas estruturas e, assim, limitar o crescimento de insectos e de micróbios.

4.5.3. Para grãos húmidos

No entanto, a utilização de silos herméticos acima do solo para o armazenamento de cereais húmidos (principalmente para alimentação animal) está a ganhar importância nos países temperados devido aos elevados custos energéticos da secagem de cereais colhidos em ceifeiras-debulhadoras de 35 a 45% para 12 a 13%. O oxigénio é rapidamente reduzido para menos de 0,5%, após o que ocorre uma pequena quantidade de fermentação. (De Lima, 1990)

No entanto, os cereais com elevado teor de humidade são conservados de forma satisfatória durante mais de um ano para a alimentação animal, uma vez que não são produzidas micotoxinas, pois o crescimento dos bolores pára em condições anaeróbias (Forbes, 1965; Richard-Molard, 1980).

(Grupo 3)

5. A aplicação prática dos princípios de armazenamento hermético

Há três princípios que se aplicam ao armazenamento hermético:

5.1. Depleção de oxigénio e produção de dióxido de carbono

Uma vez que a estrutura é hermética, a quantidade de oxigénio presente na atmosfera dentro do grão e no espaço de cabeça é limitada. Antes de o contentor ser selado, o oxigénio será de cerca de 21%. A partir daí, o oxigénio esgota-se devido à respiração aeróbica do próprio grão e de outros organismos biológicos através da decomposição dos hidratos de carbono.

Na prática do armazenamento hermético, todos os princípios principais entram em jogo e interagem para modificar os efeitos individuais. Não é possível discutir um deles sem fazer referência a outro, mas, para maior clareza, são apresentados títulos separados.

5.1.1. Dióxido de carbono:

Durante a respiração aeróbica e anaeróbica da massa de grãos, o dióxido de carbono é produzido como resultado da decomposição dos hidratos de carbono. O dióxido de carbono produzido não contribui para a limitação dos insectos e dos microrganismos, uma vez que permanece em quantidades bastante insignificantes na atmosfera. É produzido em quantidades relativamente pequenas e é facilmente absorvido pelos grãos e pela superfície em poços subterrâneos e estruturas de betão (Lopez, 1973; De Lima, 1980a). Por conseguinte, as curvas "clássicas" desenvolvidas por Oxley e Wickenden (1963), que mostram o aumento correspondente do dióxido de carbono com o esgotamento do oxigénio (em recipientes de vidro), foram durante muitos anos consideradas como o princípio fundamental do controlo dos insectos.

5.1.2. Oxigénio:

A depleção de oxigénio como fator-chave na redução das populações de insectos e na sua mortalidade foi reconhecida por Bailey (1965), onde foram obtidos registos de morte completa de insectos em exposições a atmosferas contendo 2% de oxigénio. No armazenamento hermético em grande escala, a queda dos níveis de oxigénio é lenta e não inibe o desenvolvimento dos insectos quando as populações se encontram em níveis baixos (De Lima, 1984). A principal causa da diminuição do oxigénio é o desenvolvimento de fungos que aumentam à medida que a humidade do grão aumenta à superfície do grão devido à condensação provocada pelas flutuações diurnas da temperatura (De Lima, 1980a).

Vayssiere (1948) concluiu o papel da depleção de oxigénio e da produção de dióxido de carbono sob armazenamento hermético da seguinte forma:

a) Os únicos gases presentes em recipientes hermeticamente fechados, em condições normais, são o oxigénio, o azoto e o dióxido de carbono.

b) Quando encerrados num recipiente hermeticamente fechado, com ou sem produto agrícola, os insectos próprios dos cereais e da farinha perecem logo que o oxigénio se esgota e se desenvolve uma quantidade correspondente de CO2. Foram feitas várias experiências conclusivas com os insectos mais prevalecentes nos seus diferentes estádios de desenvolvimento: os gorgulhos morrem assim que o CO2 atinge 18% ou 19% do volume total da atmosfera; *Rhizopertha dominica* perece em três dias, a 30°C, quando se encontra num recipiente hermeticamente fechado, independentemente do seu estádio de desenvolvimento; as larvas de *Ephestia Kuehniella* ficam totalmente inactivas depois de serem expostas durante 24 horas a 28°C e, se o recipiente for aberto, morrem todas sete dias depois. Em todo o caso, o conjunto das experiências revelou que as larvas e mesmo os ovos são mais sensíveis do que os insectos adultos ao aumento da percentagem de CO_2 .

c) **A ausência total de oxigénio numa atmosfera é** suficiente para matar os gorgulhos dos cereais, independentemente de qualquer percentagem de CO_2 , ao passo que podem permanecer vivos durante um período considerável quando existe uma pequena percentagem de oxigénio.

d) O CO2 tem uma influência tóxica sobre os insectos que actua independentemente da diminuição correlativa do oxigénio. A 30-31°C, *o Sitophilus oryzae* é destruído em menos de doze dias numa atmosfera que contém de 14,08% a 22,56% de dióxido de carbono, apesar da presença de 13,88% de oxigénio observada no final da experiência.

e) **O CO2 puro é menos tóxico para os insectos do que quando misturado com uma fraca percentagem de oxigénio.** É um facto que o dióxido de carbono puro actua como um narcótico, que pode exercer influência sobre os insectos durante muito tempo sem os privar da faculdade de retomar a sua atividade posteriormente. Parece supor-se que a ação tóxica mais rápida da mistura CO2- O2 resulta do facto de a pequena quantidade de oxigénio que contém ser suficiente para manter o processo de troca no metabolismo dos insectos e permitir que o dióxido de carbono actue como veneno. Se o oxigénio estivesse totalmente ausente, o metabolismo seria, pelo contrário, imediatamente suspenso.

As mesmas conclusões foram reveladas por muitos outros autores (Bailey, 1965; Lopez, 1973; Banks, 1984, Reichmuth, 1987; Hashem *et al.,* 1993; 2000).

5.2. Temperaturas:

O contentor selado está exposto a uma única variável externa de temperatura. Quando a estrutura está enterrada, os efeitos da temperatura fazem-se sentir à superfície: nos contentores semi-enterrados. Toda a superfície externa está exposta à temperatura atmosférica e, durante o dia, está exposta ao calor direto do sol: e nas estruturas totalmente acima do solo, os efeitos da temperatura fazem-se sentir em toda a estrutura. O principal resultado das mudanças de temperatura (temperaturas altas durante o dia e baixas durante a noite) é a criação de gradientes de temperatura no interior do grão. Isto tem um efeito direto na humidade do grão e na resposta dos insectos e da microflora ao oxigénio (De Lima, 1990).

Existem dois tipos de efeitos de temperatura: um é externo e o outro é interno.

5.2.1. Temperaturas externas:

A temperatura externa resulta da radiação solar, tanto da exposição direta da superfície do contentor ao calor do sol como das temperaturas atmosféricas mais altas (ou mais baixas) que rodeiam a estrutura. As temperaturas exteriores são elevadas durante o dia e baixas durante a noite e as diferenças entre as duas temperaturas excedem frequentemente 10 a 15°C, o que dá, por exemplo, temperaturas nocturnas de 10°C e temperaturas diurnas superiores a 23 a 26°C nos locais de armazenamento no Quénia. Para além das mudanças de temperatura diurnas, há efeitos de temperatura de verão e de inverno a relativamente longo prazo na Argentina e em Chipre.

As temperaturas externas são transmitidas através do tecido da estrutura, mas os efeitos sobre a temperatura do grão são negligenciáveis, uma vez que o grão é um mau condutor de calor. Os registos a longo prazo mostram pequenas flutuações (2 a 3°C) nas temperaturas internas médias dos grãos. Estas pequenas flutuações, realizadas ao longo de vários meses, têm dois efeitos principais: (1) em grãos com um teor de humidade de 12%, são suficientes para causar um pequeno movimento de humidade do grão para a parte superior do grão e, (2) em estruturas de telhado fixo e semi-subterrâneas, o telhado fino expande-se e contrai-se a um ritmo diferente da base mais espessa da qual provém. Este facto dá origem a fissuras que requerem procedimentos especiais de vedação (De Lima, 1980a).

Em silos metálicos cilíndricos totalmente acima do solo, as temperaturas internas podem ser até 5°C mais elevadas do que na parte lateral sob luz solar direta, em comparação com as temperaturas à sombra (Multon, 1980). Esta temperatura mais elevada está presente apenas em alguns centímetros de grão em contacto com a superfície do silo. No entanto, a flutuação de temperatura ao longo do tempo causa gradientes de temperatura laterais e verticais (Muir *et al.,* 1980) com as consequentes correntes de convecção na atmosfera interna do silo, dando origem à migração de humidade para a superfície.

Nos silos subterrâneos, o calor afecta principalmente a camada superficial dos grãos, mas provoca correntes de convecção que, com o tempo, dão origem à condensação da humidade na superfície interna da estrutura, que escorre para a parte superior da massa de grãos e escorre ao longo das paredes laterais. Nas estruturas semi-subterrâneas, existem dois conjuntos de gradientes de temperatura associados à parte da estrutura abaixo do nível do solo e à parte acima do nível do solo. São geradas duas séries de correntes de convecção, uma acima do nível do solo e outra abaixo do nível do solo, resultando na migração da humidade. Condensação na superfície do grão e do silo. E escorrimento ao longo dos lados.

5.2.2. Temperaturas internas:

As temperaturas internas são causadas pelo desenvolvimento de insectos e bolores em situações de infestação pesada, resultando em "pontos quentes". Quando o grão está livre de insectos, isto não acontece. **Outra fonte de "pontos quentes" é a acumulação de poeiras e fragmentos de grãos ao longo do eixo central de um silo durante o enchimento.** Quando isto acontece, ocorre um aquecimento severo porque a temperatura ambiente não pode ser dispersa através da convecção normal, uma vez que a poeira e as pequenas partículas preenchem o espaço aéreo intergranular (De Lima, 1980a). Com o aumento da temperatura, o pó e as pequenas partículas do grão formam um "bolo" e dá-se a queima. Ao esvaziar o silo, observa-se o conhecido cone de grãos "endurecidos". Esta situação só pode ser evitada se os grãos forem armazenados num silo, limpos, sem poeira e intactos (De Lima, 1980a; Soderstrom *et al.*, 1996).

Wilson (1999) concebeu um modelo para prever o crescimento de bolores e a subsequente produção de calor em grãos armazenados a granel. Foi descrito um modelo, baseado no de Baranyi *et al.*, (1995), para a taxa de produção de calor e de dióxido de carbono devido ao crescimento de bolores em grãos armazenados. Este modelo deve ser aplicável quando as condições ambientais mudam com o tempo. O modelo adapta-se razoavelmente bem aos dados experimentais de Zhang *et al.* (1992). A inclusão de uma descrição da "fase de atraso" é necessária para ajustar os dados experimentais no início da experiência. As discrepâncias são causadas pelos erros nas isotérmicas de sorção e pelo facto de o sistema experimental de Zhang *et al.* (1992) apresentar algum grau de respiração anaeróbia.

A estimativa da dependência do crescimento do bolor em relação à temperatura e à humidade relativa foi feita a partir dos dados de Kreyger (1972). Os dados são consistentes com uma forma ï iii,,,aT *(T) f0 ~(0)*. Foi efectuado um corte em T=25°C, para remover o feed back positivo, permitindo que os dados experimentais de Zhang *et al.*, (1992) sejam ajustados. Embora seja claro que u não pode aumentar indefinidamente com T, esse corte é um pouco artificial.

Uma descrição detalhada dos processos que ocorrem é dificultada pelo facto de existirem poucos dados experimentais para o crescimento de bolores em condições em que este ocorre lentamente (por exemplo, $T <$ 10°C). Estas condições são seleccionadas para o armazenamento de grãos. Por conseguinte, a estimativa da taxa de crescimento é difícil. Espera-se que, se for possível obter bons dados nesta região, o modelo possa ser melhorado.

5.3. Migração de humidade

O grão e a atmosfera circundante encontram-se num estado de equilíbrio em termos da quantidade de humidade que o ar retém a uma dada temperatura. Um aumento da temperatura atmosférica provoca a saída da humidade do grão para ser absorvida pelo ar e, a temperaturas mais baixas, o ar deposita o excesso de humidade no grão e na superfície interna do recipiente de armazenagem.

Muito já foi discutido acima sobre os efeitos da **temperatura na migração de humidade e condensação. Isto é ilustrado na** Fig. (10). O ar quente durante o dia retira a humidade do grão e transporta-a por convecção para a superfície. Quando a superfície arrefece durante a noite. O ar em contacto com ela deposita o excesso de humidade. O grão à superfície absorve o excesso de humidade e, durante algum tempo, o seu teor de humidade aumenta para níveis superiores a 16-17%, o que permite o desenvolvimento de fungos. Quando o grão é colocado no contentor com um teor de humidade inicial inferior a 12%, este processo pode demorar 18 meses a 2 anos. Alguma da humidade condensada também escorre pelos lados do silo. Nos silos semi-subterrâneos, isto acontece ao longo dos lados da parte acima do solo e no ponto em que a parte abaixo do solo encontra a superfície. A condensação e o escoamento ocorrem, portanto, em duas zonas distintas. Muitas vezes, esta situação é confundida com uma infiltração externa de humidade, mas um exame mais atento não revela a existência de grandes fissuras que permitam a fuga de humidade (DeLema, 1981; CasadaandYoung, 1994).

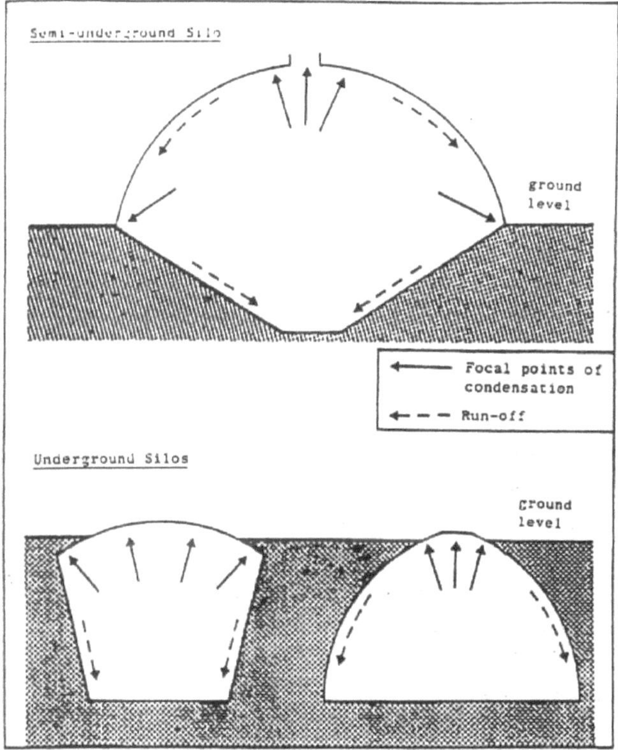

Fig. (10): Os efeitos das flutuações da temperatura externa na migração da humidade interna são mostrados para estruturas semi-enterradas e totalmente subterrâneas. Nas estruturas semi-enterradas, são produzidas duas séries de correntes de convecção que resultam em condensação no vértice, ao nível do solo e na parte inferior. Nas estruturas subterrâneas, a humidade acumula-se no topo da estrutura e nos pontos finais do escoamento da humidade (De Lima, 1981).

6. Gestão prática da armazenagem hermética

6.1. Antecedentes

A necessidade prática e os benefícios do armazenamento hermético foram demonstrados quando era necessário conservar grandes quantidades de cereais durante longos períodos de tempo com uma perda mínima de produto. Na Argentina (Lopez, 1973), isto foi feito com sucesso para os excedentes de cereais que tinham de ser conservados durante vários anos enquanto se aguardava a exportação. No Quénia (De Lima, 1980a), esta prática foi utilizada para conservar os excedentes alimentares como reservas para a fome e, na China, para manter reservas para uma enorme população exposta a quebras de colheitas.

6.2. Funcionamento

A armazenagem hermética em grande escala pode ser gerida de forma rentável se a natureza especial das operações for bem compreendida (De Lima,1980b)

6.2.1. Gestão das pragas

Estudos sobre o armazenamento hermético mostraram que a técnica é eficaz contra muitas espécies de insectos (Oxley e Wickenden, 1963; Bailey, 1965; Pattison, 1969; Aliniazee, 1971a; O'Dowd, 1971). No entanto, o tempo de exposição necessário para um controlo completo dos insectos pode limitar a utilização do armazenamento hermético, quando é necessária uma elevada qualidade das sementes. (Seek *et al.*, 1996).

6.2.1.1. Combinação entre armazenagem hermética e insecticidas naturais:

Seek *et al.*, (1996) investigaram a utilização de armazenagem hermética em combinação com inseticida natural de *Bosica senegalensis*. A *B. senegalensis* é um arbusto que cresce nas regiões sahelianas (Booth e Wickens, 1988). Os frutos são utilizados como alimento para a fome no Senegal e no Sudão (Becker, 1989; Salih *et al.*, 1991). As folhas são utilizadas por muitos agricultores para proteção dos cereais (Seek *et al.*, 1996). Os mesmos autores identificaram que a atividade inseticida de *B. senegalenis* se deve à libertação de metilisotiocianato volátil (MITC) de um precursor de glucosinolato contido nos tecidos da planta - (Seek *et al.*, 1993; seek, 1994). Seek *et al.*, (1996) concluíram que, nas suas condições experimentais, o armazenamento hermético isolado a um nível elevado de infestação proporcionava uma desinfestação quase ou completa após 5 a 7 dias. Subsequentemente, a duração do desenvolvimento foi significativamente alargada e o aparecimento de uma nova geração foi reduzido ou completamente inibido. Misturando as amostras de feijão-frade infestadas por *Callosobruchus maculatus* com frutos frescos de *B. senegalenis* (ao nível de 2,4 g/l) em recipientes hermeticamente fechados, conseguiu-se um controlo total da infestação pelo gorgulho do feijão-frade.

6.2.1.1. Combinação entre armazenagem hermética e fumigantes:

Os insectos em armazenagem hermética não são controlados até que os níveis de oxigénio desçam para menos de 2%. Por conseguinte, na prática, tem sido necessário aplicar o fumigante fosfina. (De Lima, 1984) fornecido sob a forma de pastilhas de fosforeto de alumínio. As condições herméticas garantem que uma única aplicação com uma dose mínima de O.O3O3 mg/l é suficiente para o controlo durante um período de 3 ano. (De Lima, 1984).

O dióxido de carbono (Banks *et al.,* 1980) e o azoto (Shejbal, 1980) foram propostos para o armazenamento de cereais a longo prazo. Nas condições de armazenamento de trigo seco (10% de humidade do grão) na Austrália, a aplicação prática do CO2 em grãos a granel armazenados em grandes armazéns não tem sido completamente bem sucedida. As razões para tal são complexas, mas as dificuldades de tornar os armazéns herméticos e as diferentes susceptibilidades das várias espécies de insectos e fases de desenvolvimento ao CO2 como fumigante são as principais razões.

No entanto, foi demonstrado que, em atmosferas de CO2 de 25%, a utilização de fosfina em baixas concentrações (50 ml/1) proporciona uma morte mais rápida de várias espécies de insectos, incluindo *Triblium confusum. Trogoderma granarium, Sitophilus granarius* e *Rhizophertha dominica* (Desmarchelier e Wohlgemuth, 1984), o que confirma as conclusões de De Lima (1990), segundo as quais atmosferas de CO2 de 25 a 35% combinadas com fosfina a 30 a 35 ml/1 permitem uma desinfestação mais rápida dos insectos em condições práticas. Isto também foi demonstrado em laboratório (Price, 1985), onde o dióxido de carbono em baixas concentrações estimula o consumo de oxigénio nos insectos e aumenta a ação tóxica da fosfina. As aplicações comerciais de azoto também enfrentam dificuldades, principalmente porque têm de ser mantidas atmosferas com quase 99% de azoto e o processo é dispendioso.

Grupo 4

6.2.2. Gestão de mercadorias

Em geral, no armazenamento hermético comercial, é aconselhável conceber um sistema de aquisição de grãos frescos de boa qualidade diretamente da exploração agrícola e, antes do armazenamento, secá-los e limpá-los. A infestação residual presente no grão, sob a forma de infestação interna, pode passar despercebida, pelo que a fumigação será essencial. No entanto, como já foi demonstrado, apenas é necessária uma pequena quantidade de fumigante em estruturas herméticas, onde podem ser obtidos produtos de elevada concentração-tempo com foshine e misturas de dióxido de carbono/fosfina. (De Lima, 1990)

6.2.3. Sistemas de manuseamento

Devem ser desenvolvidos sistemas de manuseamento e maquinaria adequados ao tipo de grão. Isto inclui o equipamento de transporte, de encobrimento, de limpeza, de secagem, de carga e de descarga.

6.2.4. Localização das instalações

As pessoas envolvidas no planeamento de instalações de armazenamento a longo prazo são frequentemente confrontadas com o problema da localização. Uma abordagem consiste em localizá-las em zonas propensas à fome e outra em mantê-las em zonas excedentárias. Quando o armazenamento hermético é utilizado para preservar cereais como reservas de fome a longo prazo, a experiência mostra que a localização ideal é perto de instalações convencionais de manuseamento de sacos ou a granel (dependendo do tipo de armazenamento hermético praticado). Uma vez que as existências nas instalações de armazenagem hermética têm uma rotação lenta, não se justificam sistemas de manuseamento, secagem e transporte de grande capacidade. No entanto, em caso de emergência, o grão deve ser obtido rapidamente.

Para evitar estas dificuldades e a duplicação de sistemas, é aconselhável planear as instalações de armazenagem hermética como parte dos sistemas convencionais. Esta integração de sistemas assegurará também uma rotação suave das existências, por exemplo, de 3 em 3 ou de 5 em 5 anos, do armazenamento hermético para o mercado convencional. A localização de sistemas de armazenamento que também incluam instalações de moagem tem uma vantagem acrescida, uma vez que pode ser assegurada uma poupança adicional nos custos de manuseamento, armazenamento e transporte.

6.2.5. Manutenção e processo de selagem

A manutenção das estruturas herméticas é uma caraterística que requer uma atenção muito maior do que a manutenção dos silos ou armazéns convencionais. Uma vez que a eficácia da armazenagem depende do grau de estanquidade ao ar alcançado, este deve ser assegurado em permanência. Os produtos devem ser controlados para verificar se a estanquidade ao ar é mantida. Se forem detectadas fugas, estas devem ser reparadas sem demora, uma vez que as pequenas fugas tendem a aumentar rapidamente.

Um pré-requisito para a atmosfera controlada ou fumigação é um armazenamento adequadamente selado. Na Austrália, a seleção dos materiais de vedação adequados foi feita pela Commonwealth and Industrial Research Organization (CSIRO).

Uma série de testes aplicados a sistemas de vedação candidatos (Banks, 1984), concebidos para ajudar na aceitação de novos materiais, foi aperfeiçoada. Estes testes, necessários antes de um novo material ser considerado, não são mais do que um guia. Os resultados mostrarão se um material irá certamente falhar, mas condições de desempenho satisfatórias não mostrarão prova de fiabilidade no terreno. Os ensaios são efectuados no substrato pelo laboratório de ensaios após secagem à temperatura ambiente durante 7 dias e envelhecimento durante 7 dias a 50°C. (Ripp *et al.*, 1990).

6.2.5.1 Substratos

Os suportes utilizados são o ferro galvanizado (novo, gravado numa solução ácida de HCI a 30% e depois enxaguado) e o betão (superfícies limpas).

6.2.5.2. Primários

Se forem utilizados primários, devem ser fornecidos pormenores de aplicação.

6.2.5.2.1. Ensaio da membrana de vedação

A espessura do revestimento é à base de água (1550 pm dft, espessura da película seca) ou à base de solvente (650 mm dft)

Teste de aderência: O teste de aderência consiste em aderir bem ao betão e aos painéis de ferro galvanizado. O corte do revestimento e a tentativa de remoção com uma ponta de faca testam a aderência. As classificações são muito boa, o revestimento não é levantado; boa; o revestimento começa a ser levantado; razoável, o revestimento pode ser levantado; e má, o revestimento pode ser levantado facilmente.

Alongamento: O alongamento é determinado pelo número de ciclos efectuados até à rutura do revestimento em painéis de fibrocimento separados de 1,5 a 2,5 mm a 0,14 Hz (máximo ensaiado, 2000 ciclos).

Ensaio de flexibilidade/dobragem: Não deve haver fissuração, danos ou desprendimento por flexão num painel de ferro galvanizado sobre um mandril de 6 mm a 5 e 25°C.

Resistência da película: A resistência da película é medida pela tensão de tração na rutura, alongamento e recuperação. As amostras de teste são cortadas em forma de haltere, com 50 mm de largura e 100 mm de comprimento. A taxa de deformação é de 500 mm/min.

Dureza do lápis: A dureza do lápis é determinada pelo grau de lápis necessário para riscar o revestimento de um painel de ferro galvanizado.

Resistência às intempéries/UV: A resistência às intempéries e aos raios UV deve ser equivalente a 2 anos, sem descoloração e sem falhas de dobragem.

Permeabilidade ao vapor de água: ASTM E96, Procedimento B - As medições são efectuadas durante um período de 3 semanas.

Toxicidade: É administrada uma dose oral única para determinar a toxicidade para as taxas. Com base no teste LCso, são recomendados os seguintes valores:

a) Extremamente tóxico   1 m/g
b) Altamente tóxico-   50mg/kg
c) Moderadamente tóxico   5-500 mg/kg
d) Ligeiramente tóxico   0 ,5-5 g/kg
e) Praticamente não tóxico   5-15 g/kg
f) Relativamente inofensivo   15 g/kg

6.2.5.2.2. Ensaio do revestimento refletor

O revestimento é de 50 pm dft.

Ensaio de aderência: O teste de aderência consiste em aderir bem a um painel de ferro galvanizado. O corte do revestimento e a tentativa de remoção com uma ponta de faca testam a aderência.

Alongamento: O alongamento é determinado pelo número de ciclos necessários para a falha do revestimento em painéis de fibrocimento separados de 1,5 a 2,5 mm a 0,14 Hz (máximo testado, 2000 ciclos). A espessura do revestimento é de 500 pm dft.

Ensaio de flexibilidade/dobra: Tal como o 1580, o ensaio de flexibilidade/dobra é efectuado para observar se ocorrem fissuras, danos ou descolamento do revestimento ao dobrar o painel sobre um mandril de 6 mm de diâmetro a 5 e 25°C.

Resistência aos riscos: A resistência aos riscos é determinada de acordo com a norma AS 1580.

Resistência ao impacto: Avaliar os danos por inspeção visual após o impacto de uma escritura esférica de aço pesada de 4,75 kg que caia ao longo de 0,75 m (ou de uma esfera de aço de 1,4 kg que caia ao longo de 2,6 m).

Resistência às intempéries/UV: A resistência às intempéries e aos raios UV deve ser equivalente a 1 ano e meio, sem descoloração e sem falhas por flexão.

Toxicidade: Com base no método de ensaio da Australian Standard Association (Ripp, *et al.*, 1990), é efectuado um ensaio de CLsotest de 96 h em ratos utilizando doses orais de 6 g/kg.

Nota: Um revestimento refletor de calor é essencialmente um revestimento exterior. Uma vez que também é utilizado internamente como revestimento de topo para espuma de poliuretano aplicada no local e para membranas em que as características da superfície não são adequadas, por exemplo, pegajosidade, dureza, etc., o ensaio de toxicidade é incluído. Os requisitos do material diferem consoante a sua utilização.

6.2.5.2.2. Selagem de silos na Austrália

A selagem interna de um silo vertical de betão com capacidade para 2000 t de trigo é simplificada quando os problemas de acesso são ultrapassados. Isto foi conseguido através da utilização de grãos como medida de apoio e segurança, juntamente com o desenvolvimento de um sistema de acesso, preparação e aplicação, demonstrado nas figuras que se seguem (Ripp, *et al.*, 1990).

O grão é nivelado e dá acesso à aspiração do pó acumulado acima dos níveis normais do grão (Fig. 11). É assegurada a circulação forçada de ar fresco. A segurança exige um controlo rigoroso do funcionamento da válvula de descarga dos grãos neste momento.

Uma plataforma anular é introduzida na abertura do teto da célula (cerca de 500x500 mm) em pedaços e aparafusada no interior e ligada a um freio de corrente que passa através de um orifício central da laje superior (75 mm) a uma estrutura de elevação pneumática. Também desenvolvido especificamente para o efeito (Fig. 12), é montado um oleado para proteger o grão, apanhar objectos que caiam e garantir a segurança dos operadores. O grão é descarregado em intervalos de 2 m à medida que o revestimento é concluído. O acesso dos trabalhadores é efectuado através de uma gaiola especialmente desenvolvida e de um sistema de elevação pneumático. Um guincho manual, comunicação por rádio bidirecional, um observador e recirculação de ar fresco contribuem para procedimentos de trabalho seguros. Durante a aplicação da membrana, um tubo de recirculação também é instalado na parede ao lado do caminho da gaiola do trabalhador para permitir uma atenção futura. Os aplicadores são retirados da célula enquanto o grão está a ser descarregado (Fig. 13).

O dióxido de carbono em forma gasosa é canalizado para a área de sobre-silo e ligado através de um tubo flexível ao tubo interno que conduz ao fundo da célula (Fig. 14). Os objectivos de concentração, as aplicações de uma só vez ou de manutenção são facilmente ajustados. Após a introdução do dióxido de carbono, é ligado um ventilador montado num carrinho para recirculação. Num bloco multicelular, como o de Kwinana, na Austrália Ocidental, 144 células principais, 100 células interespaciais e 12 ventiladores de carrinho são suficientes para satisfazer a procura e podem ser facilmente aumentados. Cada célula é protegida contra pressões excessivas por uma válvula de alívio de pressão negativa regulada para funcionar a 2000 Pa e por uma válvula de alívio de pressão positiva separada também regulada a 2000 Pa. A válvula de descompressão negativa foi originalmente instalada para aliviar as pressões durante a descarga de grãos a 1250 t/h e servirá para aliviar uma rápida queda nos níveis de pressão esperados, quando a célula é selada, após a entrada de dióxido de carbono. A válvula de descompressão positiva foi adicionada para proteger contra um possível mau funcionamento da válvula de controlo da pressão na linha de fornecimento de dióxido de carbono, que poderia expor a célula a pressões até 700 kPa. Esta válvula de descompressão é canalizada para o exterior da zona de armazenagem.

Nota: Todo o equipamento fixo das instalações de tratamento de cereais da Austrália Ocidental é polivalente, na medida em que foi concebido para receber gases leves, médios e pesados.

O objetivo é permitir uma mudança rápida do meio de modificação em caso de necessidade.

6.2.5.2.3. Deteção de fugas

No caso de um teste de pressão insatisfatório numa armazenagem selada, as zonas de fuga são melhor detectadas utilizando uma mistura de detergente e água. Após 8 anos de utilização do método e de testes de outros, ainda não foi encontrado um método melhor (Ripp et al., 1990). "Resumidamente, o armazenamento é pressurizado internamente a, por exemplo, 250 Pa e uma mistura de detergente e água é aplicada externamente. Formam-se bolhas de sabão onde o gás está a sair, desde que o dia não seja excessivamente ventoso.

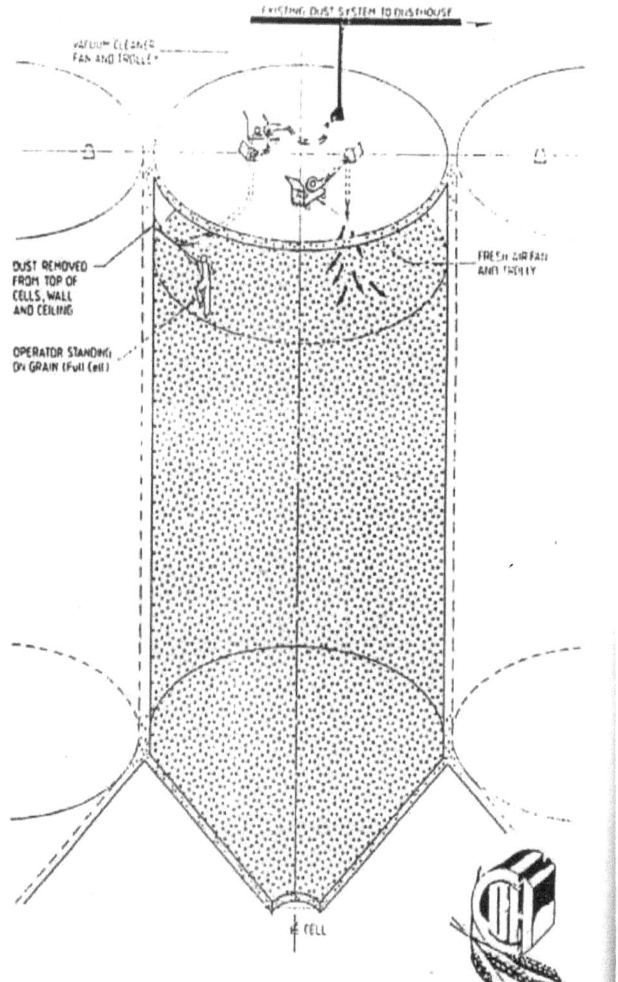

Fig. (Π): Operação de limpeza a vácuo (Ripp *et al.*, 1990).

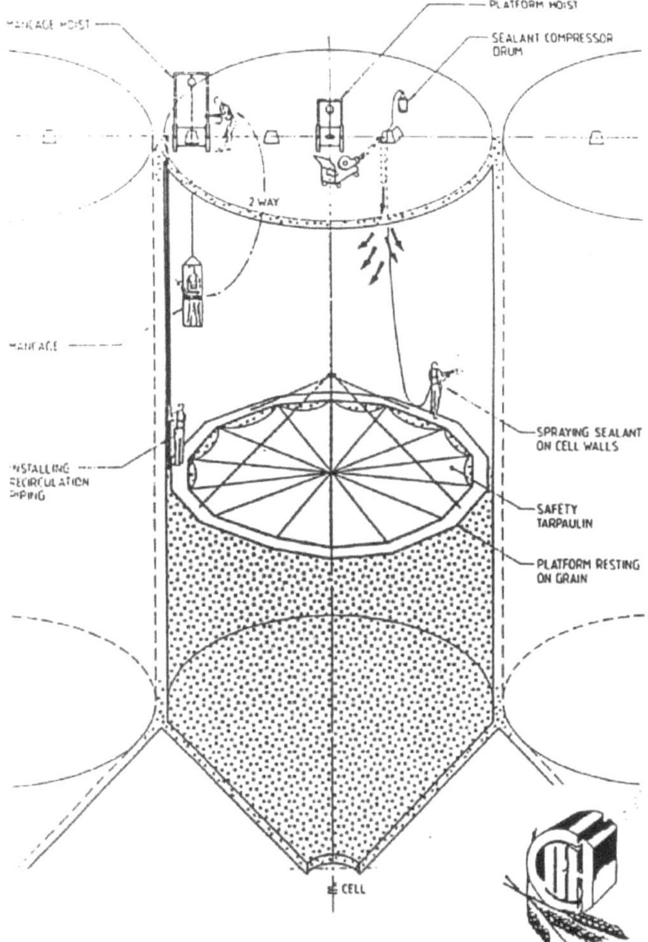

Fig. (12): Operação de selagem I (Ripp *et al.*, 1990).

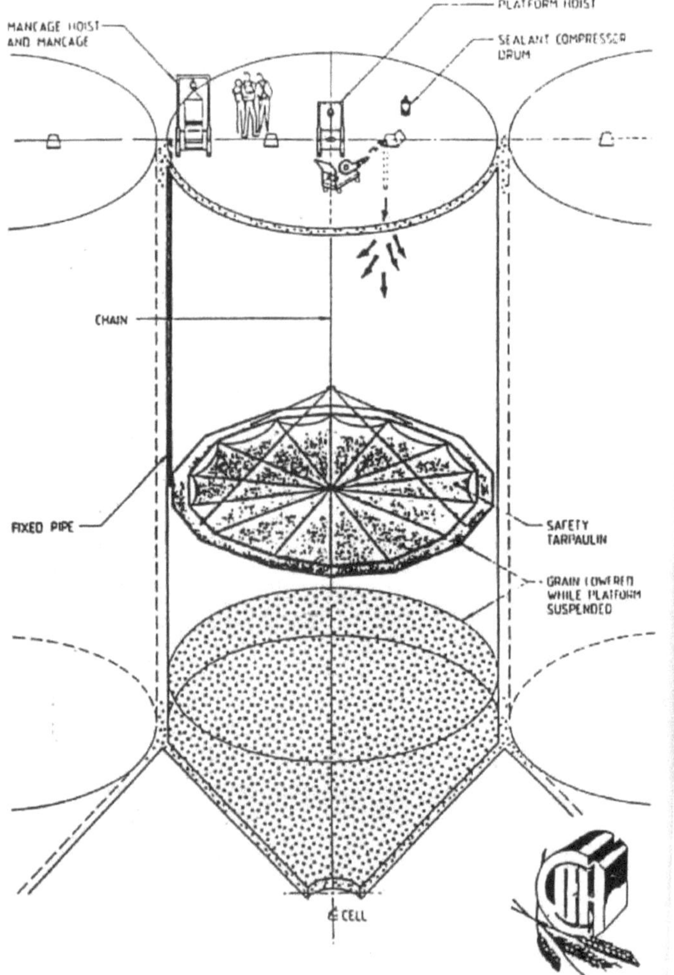

Fig. (13): Operação de selagem II (Ripp *et al.,* 1990).

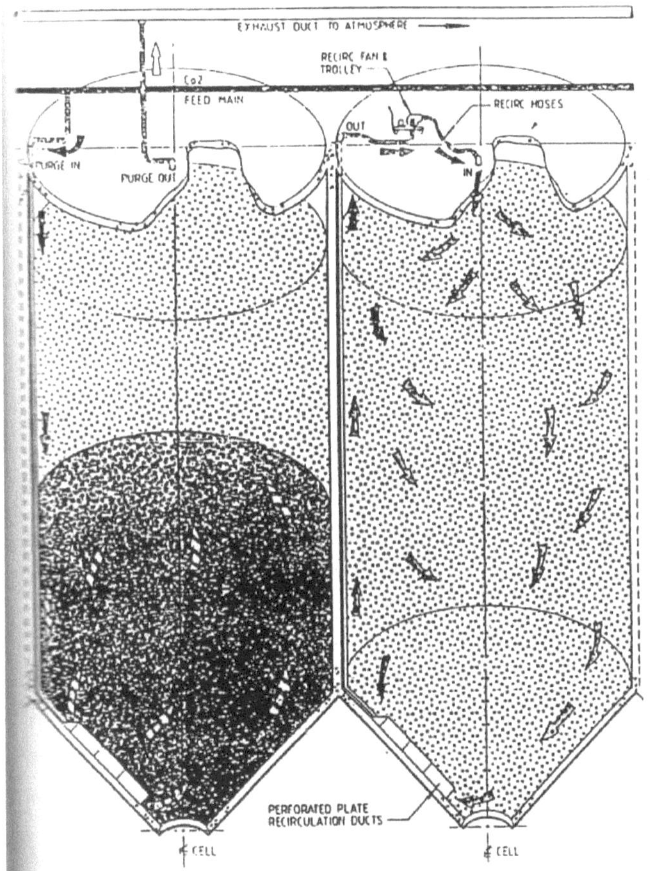

Fig. (14): Sistema de purga e recirculação de dióxido de carbono (Ripp *et al.,* 1990).

7. Conclusão

Conclui-se que o armazenamento hermético conduz a:

a)   Desinfesta os géneros alimentícios armazenados, destruindo os insectos, independentemente do seu estado de desenvolvimento, bem como outras pragas presentes no momento da armazenagem;

b)   Previne positivamente a entrada de insectos e outras pragas;

c)   Evita o bolor e o sobreaquecimento quando o produto contém um grau de humidade relativamente elevado, sem impedir o desenvolvimento de acidez causada pela fermentação anaeróbica quando a humidade é excessiva;

d)   Evita a absorção da humidade atmosférica - todos os produtos que estão secos no momento em que são armazenados permanecem secos;

e)   Poupa tempo e dinheiro ao dispensar o manuseamento e a deslocação.

Acrescentando ao exposto, que em casos excepcionais em que a humidade é demasiado elevada, nomeadamente no que diz respeito aos cereais, é sempre possível recorrer ao processo de secagem, como referem Oxley *et al. (1960)*. Assim, através da combinação dos dois processos, secagem e armazenamento hermético, será possível obter o melhor meio de conservação dos géneros alimentícios.

Em conclusão, não existe qualquer razão para que o processo hermético não possa ser utilizado no transporte de géneros alimentícios, especialmente no estrangeiro. É importante recomendar aos armadores que coloquem porões hermeticamente fechados à disposição dos expedidores, de modo a que os produtos alimentares, em particular os cereais, possam ser protegidos contra a multiplicação de parasitas e roedores, bem como contra condições climatéricas e humidade desfavoráveis.

Grupo 5

PARTE II

**EFEITO DA ARMAZENAGEM HERMÉTICA NOS INSECTOS
QUE INFESTAM OS PRODUTOS ARMAZENADOS**

1. Introdução

O armazenamento hermético de géneros alimentícios é um método promissor de conservação, particularmente para o armazenamento estratégico de cereais. No caso de cereais secos ou de produtos alimentares e de rações, o principal problema sanitário que ocorre durante o período de armazenamento é devido à multiplicação de insectos.

No armazenamento hermético, os insectos são controlados com níveis de oxigénio inferiores a 5% (Reichmuth, 1987; Hashem, 1993; Hashem e Reichmuth, 1996). Consequentemente, os efeitos da anoxia nos insectos dos produtos armazenados foram amplamente estudados como meio de controlo de pragas durante os últimos 25 anos.

O conhecimento dos aspectos gerais da respiração tem aumentado progressivamente, pois é uma medida da intensidade do metabolismo aeróbico, muito utilizada para comparar agentes ou condições que afectam a taxa metabólica (Keister e Buck, 1964). Os insectos de produtos armazenados ocupam normalmente habitats relativamente secos nos alimentos ou grãos armazenados e têm uma cutícula altamente especializada para evitar a perda de água, e os espiráculos são capazes de regular as trocas gasosas através de um mecanismo complicado (Wigglesworth, 1965; Edwards e Batten, 1973). Estes insectos adaptados às condições xéricas têm atributos fisiológicos que resultam em baixas taxas de perda de água e numa boa capacidade de osmo-regulação (Riddle, 1986).

No entanto, a resposta dos insectos de produtos armazenados a alterações na relação O_2/O CO_2 não é claramente conhecida, nem os mecanismos são totalmente compreendidos. Sabe-se que muitos factores bióticos contribuem para isso, incluindo a temperatura, a humidade relativa (HR) e as concentrações de gases. Atmosferas com baixo teor de O_2 e alto teor de CO_2- causam uma perturbação do equilíbrio metabólico que leva à morte dos insectos durante períodos de exposição prolongados. No entanto, os efeitos devidos à hipercarbia são geralmente diferentes dos da anóxia (Bailey e Banks, 1974; 1980).

O estudo de Bailey e Banks (1980) é o ponto de partida de novos desenvolvimentos de investigação sobre os estudos fundamentais dos efeitos da anóxia ou hipercarbia na fisiologia dos insectos, principalmente no metabolismo respiratório, que serão aqui desenvolvidos.

Na prática, existem duas técnicas relacionadas com a produção de CO_2:

a)Constituição de uma atmosfera de O_2low (Aliniazee, 1972; Shejbal *et al.,* 1973 e Riechmuth, 1987).

35

Estabelecimento de atmosferas tóxicas de CO2 elevado (Jay, 1973; Jay *et al.*, 1970).

O objetivo desta revisão é reunir e analisar os principais resultados obtidos neste domínio e atualizar as indicações sobre o modo de ação da atmosfera hermética sobre os insectos dos produtos armazenados. Pretende-se clarificar as relações entre os vários factores envolvidos na suscetibilidade dos insectos quer ao empobrecimento em oxigénio quer ao enriquecimento em dióxido de carbono do ambiente atmosférico, as duas principais formas de produzir uma atmosfera irrespirável.

2. Efeitos fisiológicos das atmosferas herméticas

Os principais componentes da atmosfera são o azoto, o oxigénio, o dióxido de carbono e o árgon. O árgon é considerado totalmente inerte do ponto de vista biológico e não tem merecido a atenção dos investigadores. No entanto, o hélio, outro gás inerte, foi utilizado em trabalhos anteriores (Lindgren e Vincent, 1970; Aliniazee, 1972)

2.1. Baixas pressões parciais de oxigénio e anoxia

2.1.1. Resposta dos insectos

Vayssiere (1948) atribuiu a vantagem do armazenamento hermético à diminuição da pressão parcial de oxigénio, ao aumento da concentração de dióxido de carbono ou a ambos.

Tabela (1): Tempo (h) necessário para obter 100% de mortalidade de diferentes estádios de *Tribolium confusum* (CFB) e *Tribolium castaneum* (RFB) expostos a hélio (He) ou azoto (N2) a diferentes temperaturas e humidade relativa fixa (38± 6%) (Aliniazee, 1972).

Temperature (°C)

	15.6		21.1		26.7	
	He	N_2	He	N_2	He	N_2
CFB						
Adults	24	36	9	18	7.5	12
Eggs					72	60
Larvae	60	72			30	(36)
Pupae	120	120			48	72
RFB						
Adults	18	24	9	(21)	6	12
Eggs					48	60
Larvae	72	72			36	42
Pupae	120	120			48	72

Nota: O número entre parênteses indica o tempo aproximado.

No entanto, foi demonstrado que a principal causa de morte dos insectos era a falta de oxigénio. (Bailey, 1965), uma condição que era facilmente atingida no compartimento naturalmente confinado e hermético de um armazém de cereais.

O nível alvo de rarefação de oxigénio para insectos de produtos armazenados foi observado em cerca de 5% (Bailey, 1965), mas nestas condições, o tempo de exposição necessário para matar os insectos era muito longo. As primeiras experiências com purga de azoto do espaço intergranular (Aliniazee, 1971a, Jay e Pearman, 1971; Shejbal; 1973; e Hashem *et al.,* 1993) mostraram que, para o *Tribolium confusum,* o nível crítico de oxigénio era de 0,9% e que níveis de oxigénio de 1,4% ou mais eram ineficazes, sendo as variações observadas principalmente devidas aos diferentes níveis de temperatura durante os períodos de exposição ou a variações no nível de HR.

Em atmosferas de azoto puro, os escaravelhos do grão podem sobreviver durante mais de um mês a baixas temperaturas (Aliniazee, 1971a; Person e Sorenson, 1973). Os adultos do grão são geralmente os mais susceptíveis ao tratamento, tendo-se demonstrado que *Sitophilus oryzae* ou *Rhyzopertha dominica* (F.) são mais tolerantes do que *Tribolium* spp. (quadro 1). Para a maioria dos insectos de produtos armazenados, quanto mais baixa for a concentração de oxigénio, mais curto será o período de exposição necessário para produzir a morte completa. Esta regra sobre a teoria do défice de oxigénio tem uma exceção clássica com as espécies do género *Sitophilus*: a uma tensão de oxigénio muito baixa (tão baixa como 0,15% de O2 com equilíbrio de N2), os adultos de *S. oryzae* e, com uma variação menor, os *Sitophilus spp.* mostraram uma maior tolerância a 1% de oxigénio (equilíbrio de N2). Quando se compara o tempo de exposição necessário para produzir as mesmas taxas de mortalidade (Navarro, 1978). O nível mais baixo de tolerância à falta de oxigénio é atingido em torno do nível de concentração de 1% (Fig.15).

Para a mesma espécie, *S. oryzae, verificou-se* que o efeito letal nos adultos dependia largamente do tempo de exposição, sendo quase independente da concentração de oxigénio abaixo do nível de 3%.

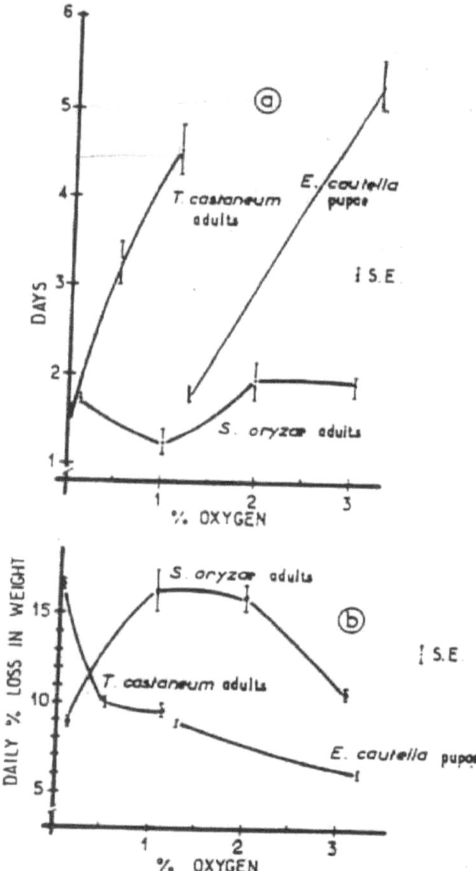

Fig. (15): Efeito no tempo de exposição ao LT95 (a) e na perda percentual diária de peso (b) da rarefação de O2 para *Triboluim castaneum, adultos de Sitophilus oryzae e pupas de Ephestia cautella.* (Navarro, 1978).

A suscetibilidade das larvas de *Trogoderma granarium* ao azoto puro é semelhante à dos estádios imaturos de *S. oryzae* (Lindgren e Vincent, 1970; Storey, 1975; 1977; 1978). No entanto, quando a concentração de oxigénio não é nula, as larvas de *Trogoderma granarium* são as mais tolerantes. Ainda não existe uma comparação detalhada entre esta "espécie teste" e outras, exceto em trabalhos parciais. (Bailey, 1965). Os efeitos letais de atmosferas com baixo teor de O2 nos insectos de produtos armazenados foram analisados por Fleurât Lessard (1990). Para as pupas de *Tribolium castaneum* e *Ephestia cautella*, os efeitos letais dependem fortemente do teor de oxigénio (Navarro, 1978; Reichmuth, 1987; Hashem e Reichmuth, 1996). Para todas as outras espécies, a morte ocorre mais rapidamente com níveis de oxigénio mais baixos (Soderstrom *et al.,* 1991; Hashem *et el.,* 1993; Reichmuth e Ofuya, 1993; Hashem e Sharafeldin, 2000). Principalmente por esta razão, existem muitos estudos comparativos sobre estádios imaturos de espécies de insectos dos cereais com os quais ocorre uma infestação oculta (Hashem, 1993; Hashem *et el.*, 1994; Hashem e Risha, 1998).

2.1.1. Processos fisiológicos

As atmosferas com baixo teor de oxigénio retardam significativamente o desenvolvimento, sendo este efeito particularmente percetível em ritmos de desenvolvimento mais lentos. O azoto tem um efeito anestésico que produz imobilização após um breve período de hiperatividade (Aliniazee, 1972; Storey, 1975). Durante o período de exposição, ocorre uma redução ou suspensão do desenvolvimento, sob a forma de quiescência. Presumivelmente, os insectos estão a diminuir o seu consumo de oxigénio para evitar os efeitos da anóxia. A redução da temperatura interna abaixo do limiar de desenvolvimento tem o mesmo objetivo. É geralmente aceite que o fator limitante das trocas respiratórias é geralmente a difusão do oxigénio (Wigglesworth, 1983). Em experiências em que o nível de concentração de oxigénio é reduzido, foi demonstrado que, abaixo de 5% de O2 no azoto, o consumo de oxigénio pelo inseto é proporcional à tensão residual de oxigénio (Wigglesworth, 1983). A disponibilidade de oxigénio durante períodos críticos do ciclo de vida, como a pupação, influencia o tempo de desenvolvimento.

Durante a anoxia, o desenvolvimento dos insectos praticamente cessa e a sobrevivência depende apenas da capacidade de acumular produtos glicolíticos e de reduzir as necessidades do metabolismo. No entanto, os insectos de produtos armazenados colocados em atmosferas anóxicas sofrem uma perda de água corporal que está fortemente correlacionada com a taxa de mortalidade (Fig. 16), (Navarro, 1978).

Com períodos de exposição sub-letais à anóxia, há um período de tempo, após o regresso a uma atmosfera normal no final do tratamento, necessário para a recuperação das funções vitais. A tensão crítica de oxigénio depende da atividade dos insectos (Wigglesworth, 1972) e do ciclo de muda e aumenta geralmente com a temperatura (Herreid, 1980). O modelo mais simplificado das trocas gasosas baseia-se numa equação física apresentada por Herreid (1980): O fluxo de O2 para o organismo depende diretamente das diferenças nas pressões parciais de oxigénio entre a atmosfera e as mitocôndrias e está inversamente relacionado com a resistência total oferecida pelo sistema. O fator de resistência é específico, mas algumas espécies de insectos podem desenvolver compensações de origem comportamental ou fisiológica.

Foram observados alguns efeitos comportamentais durante os tratamentos com atmosferas de baixo teor de O2, por exemplo, a congregação de insectos em torno dos pontos de fuga, como as aberturas para a ventilação com ar frio, provavelmente em resultado da perceção do gradiente de concentração de O2.

Com baixas tensões de O2, a HR do ar (Fig. 16) e o teor de água do corpo do inseto desempenham certamente um papel na abertura do espiráculo, mas o mecanismo fisiológico e o recetor são atualmente mal conhecidos. Ao contrário dos efeitos do dióxido de carbono, que actuam sobre receptores identificados, a carência de oxigénio tem um efeito direto na abertura da espira. A carência de oxigénio tem uma ação direta sobre os nervos, provocando a inativação do mecanismo de permeabilidade selectiva, em função da acumulação de iões K" fora da membrana (Miller, 1966) e constitui a principal atividade fisiológica registada.

Em conclusão desta parte da descrição dos efeitos letais ou sub-letais de atmosferas com baixo teor de O2, concordamos com Navarro (1978), que afirmou que pode ser perigoso generalizar de uma espécie para outra, no entanto, com o azoto, apenas *Sitophilus* spp. parecia independente do nível de oxigénio residual; todas as outras espécies de produtos armazenados dependem da concentração. No entanto, as experiências aqui relatadas são frequentemente realizadas em condições práticas em que os aspectos ambientais e físicos são interactivos em muitos casos.

2.2. Concentrações elevadas de dióxido de carbono

2.2.1. Aspectos gerais e resposta dos insectos

Os sintomas de envenenamento por dióxido de carbono nos insectos incluem inicialmente um efeito narcótico que leva a um knockdown, ou seja, à imobilização dos insectos.

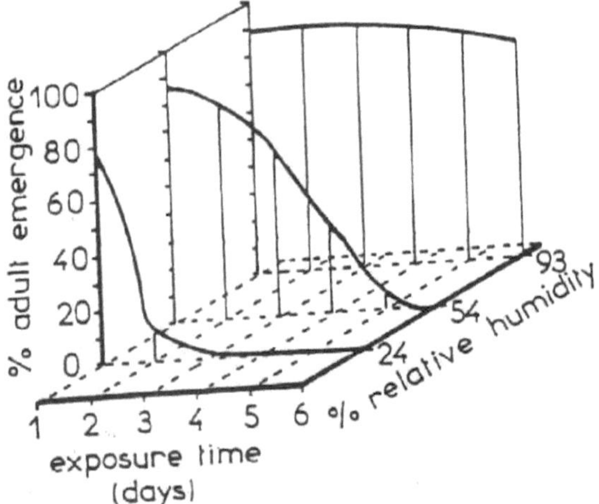

Fig. (16): Relação entre os níveis de UR e a emergência de pupas de *Ephestia cautella* a 26°C sob atmosfera de baixo - O2 (3,2% O2 em N2), (Navarro, 1978).

em atmosferas enriquecidas com dióxido de carbono (Aliniazee, 1971a; 1972; Edwards e Batten, 1973). Não há diminuição do consumo de oxigénio nos insectos anestesiados com dióxido de carbono e parece que o principal resultado da anestesia é induzir a abertura permanente do espiráculo. (Wigglesworth, 1983).

Uma pequena proporção de insectos sobreviventes apresenta uma inibição da aptidão locomotora, principalmente no primeiro par de patas, e morre pouco tempo após o fim do tratamento. No entanto, os adultos anestesiados durante um período de tempo limitado recuperam completamente.

As atmosferas que contêm cerca de 60% de dióxido de carbono matam rapidamente os insectos dos produtos armazenados. (Hashem e Reichmuth, 1996; Hashem, 2000). A um nível de temperatura de 26°C, cerca de 4 dias de exposição seriam suficientes para matar todas as fases (incluindo os ovos) da maioria dos insectos de produtos armazenados. Quando o nível de concentração em CO2 é reduzido para cerca de 35%, após apenas 10 dias de exposição, menos de 1% das larvas de *T. confusum* sobrevivem ao tratamento (Ronai e Jay, 1982). Esta concentração parece ser o nível-alvo acima do qual ocorre a toxicidade do dióxido de carbono (Jay *et al.,* 1970; Jay e Pearman, 1973). Testes de laboratório com os principais insetos de produtos armazenados mostraram que os adultos podem ser mortos com CO2 puro dentro de 10 a 48 h; são necessários tempos de exposição de mais de 14 dias para matá-los quando a atmosfera contém menos de 40% COreyen em níveis de temperatura acima de 20 ° C (Kashi, 1981).

No entanto, existem grandes diferenças entre as espécies de insectos na gama de concentrações de CO2 de 35 a 100%. No caso do *Tribolium* spp., parece que a concentração de CO2 é um fator até cerca de 100%, ao contrário de outras espécies como o *R. dominica* ou o *sitophilus* spp. que são menos dependentes da concentração. Surpreendentemente, os gorgulhos adultos sobrevivem mais tempo com 100% de CO2 do que com uma mistura de gases contendo oxigénio (Lindgren e Vincent, 1970). Com outros insectos, como o gorgulho do feijão, *Acanthoscelides obtectus, foram observados* dois tipos de reação ao COr puro: uma parte da população (cerca de 50% dos adultos) morre após um período de exposição muito curto (2 h) ao CO2. O restante morre após 24 h. Uma avaliação comum é que o tempo de exposição necessário para obter a mortalidade completa dos insectos é uma função dos seguintes parâmetros: COr-concentração, temperatura, teor de umidade do grão, espécie de insetos e estágio (Bailey e Banks, 1980; Jay, 1984). A eficácia do CO2 contra os insectos aumenta com a temperatura ambiente
As alterações são maiores entre 15 e 25°C e são mais pronunciadas nos adultos (Kashi, 1981).

A humidade também tem sido referida como afectando a ação tóxica do CO2, embora se presuma que não tem qualquer papel a desempenhar em níveis elevados de concentração do gás (Jay e Arbogast, 1971). A ação tóxica aumenta em condições de seca e pensa-se que, nestes casos, o CO2 é letal devido a uma rápida perda de água através dos espiráculos abertos (Navarro, 1978; Jay e Guff, 1981). Entre as fases de desenvolvimento dos insectos, a fase de pupa parece ser a mais tolerante ao CO2, seguida dos ovos e das larvas (Bailey e Banks, 1980; Annis, 1987; Jay, 1984; Desmarchelier, 1984; Hashem *et al.,* 1994; Heshem e Risha, 1998).

S. oryzae é mais suscetível ao dióxido de carbono do que outras espécies primárias de cereais armazenados (Kashi, 1981; Desmarchelier, 1984) (quadro 2). Os ácaros são geralmente mais difíceis de matar do que os insectos, embora a sua atividade cesse em atmosferas hipercarbónicas (Kashi, 1981). Algumas espécies economicamente importantes, como *Sitotroga cerealella* ou *Cryptolestes* spp. foram negligenciadas e há falta de dados sobre a tolerância destes insectos à exposição ao dióxido de carbono. Quando os imaturos se desenvolvem no interior do grão, como no caso dos gorgulhos, outro fator é importante para determinar o potencial de morte do CO2: a adsorção de CO2 nas proteínas do grão é de magnitude variável de acordo com a espécie de cereal, com o historial do grão antes do tratamento ou com a interação com factores físicos como o teor de água e a temperatura do grão (Yamamoto e Mitsuda, 1980).

Existem algumas excepções ao comportamento normal observado nos insectos ou ácaros dos produtos armazenados. Jay (1984) afirmou claramente que, quando a concentração de CO_2 é aumentada de 39 para 60%, o número de adultos emergentes diminui significativamente de 30,4 para 9,7 para *R. dominica* e de 14,9 para 5,8 para *Sitophilus zeamais,* respetivamente. No entanto, quando a concentração de CO_2 é aumentada para 99%, o número de adultos emergentes é maior do que com um nível de concentração de CO_2 de 60% (14,5 em comparação com 9,7 para *R. dominica* e 8,9 em comparação com 3,8 para *S. zeamais).* Esta observação não é observada noutras espécies importantes como *Tribolium* spp, *Orzaephilus surinamensis* e diferentes *Trogoderma* spp (Desmarchelier, 1984; Jay, 1984). Estas espécies são controladas mais rapidamente por concentrações de CO_2 próximas de 100% do que por concentrações de CO_2 de cerca de 60%. A idade, o estado do inseto (quiescente ou ativo) e a disponibilidade de alimento podem, por vezes, ser importantes para a sua tolerância ao CO_2, particularmente no caso das *Trogoderma* spp. (Jay, 1984).

Tabela (2): Tolerância de diferentes fases de insectos de produtos armazenados a 75% **de CO_2** no ar (LTsoin horas a 19°C) (Desmarchelier, 1984).

Species	Stages			
	Eggs	**Larvae**	**Pupae**	**Adults**
Sitophilus granarius	56	68	207	63
S. oryzae	73	48	63	15
Tribolium castaneum	28	51	99	39
T. confusum	15	47	75	45
Rhzopertha dominica	94	31	50	27
Trogoderma granarium	115	312	238	40

Uma observação pessoal indicou que, com atmosferas hipercarbónicas, o nível de concentração de oxigénio tem uma grande influência na taxa de mortalidade, especialmente para os estádios ocultos de *Sitophilus* spp.: a taxa de mortalidade aumenta em 50% de CO_2 quando a concentração de oxigénio aumenta de 4 para 20 ou 50%. A mesma observação foi feita anteriormente em adultos e em dois *Tribolium* spp. (Lindgren e Vincent, 1970; Aliniazee, 1971a).

2.2.2. Processos fisiológicos

Os tempos de exposição subletal das traças ao dióxido de carbono afectaram a taxa de oviposição e a eclosão dos ovos (Press e Flaherty, 1973). Nos adultos, o tratamento com dióxido de carbono resultou numa redução da frequência de acasalamento, menos incidentes de postura de ovos, atraso na eclosão, inflação mais lenta das asas e anomalias na descendência. É possível que o stress causado aos insectos quando regressam ao ar normal após o tratamento com dióxido de carbono possa ser um fator de mortalidade adicional não relacionado com o nível de concentração de CO_2 ou com a percentagem de HR.

A ventilação traqueal é muito alterada numa atmosfera enriquecida com CO_2. Com níveis de concentração tão baixos quanto 5% de CO_2 no ar, a taxa de ventilação da barata aumenta duas vezes antes de voltar a uma taxa normal após 1 h com 15% de CO_2, há um aumento constante na ventilação traqueal seguido de uma diminuição mais lenta. Acima do nível-alvo de 20% de **CO_2, verifica-se**, durante os primeiros minutos de tratamento, uma intensidade extrema da ventilação, que atinge o décuplo da taxa normal, seguida de uma diminuição rápida. Acima de 50% de CO_2, esta reação é atenuada e, no CO_2 não diluído, há apenas uma diminuição imediata da taxa de ventilação (Fig. 17) (Kitchel e Hoskins, 1935).

A taxa de ventilação traqueal pode ser independente da saída de CO_2 durante o tratamento quando a concentração de CO_2 permanece num nível relativamente baixo. Aliniazee (1971a) observou que a taxa de respiração de *T. confusum* foi interrompida durante pelo menos 2 h numa atmosfera contendo 16% de CO_2 e que voltou à taxa normal apenas 24 h depois.

Tal como as atmosferas com baixo teor de oxigénio, as atmosferas hipercarbónicas provocam um atraso significativo no desenvolvimento. Este facto pode estar relacionado com a síntese proteica dependente da disponibilidade de ATP, que é fortemente reduzida tanto pelo **CO_2** como pela anoxia. O abrandamento ou a suspensão do desenvolvimento ocorre durante o período de exposição à MA. Há um período de quiescência com um atraso induzido no período de desenvolvimento, que por vezes corresponde ao tempo passado sob a MA. No entanto, em algumas experiências, o atraso é variável e depende mais da lesão fisiológica, que está relacionada com o tempo necessário para que o inseto recupere o seu metabolismo respiratório normal após o fim do período de exposição. Esta lesão é particularmente evidente no caso dos ovos. Ovos de *T. castaneum* não eclodiram em atmosferas com concentração de CO_2 igual ou superior a 25%, mesmo que a concentração de O_2 fosse tão alta quanto 15,5% (Aliniazee e Lindgren, 1970).

Os efeitos gerais do CO_2 nos insectos já foram analisados anteriormente (Brooks, 1957). Foram observadas diferentes lesões fisiológicas, tais como perturbações na metamorfose (Aliniazee, 1971b) e diminuição da fecundidade ou da longevidade dos adultos (Press e Flaherty, 1973). Consequentemente, a taxa de aumento de uma população de insectos é reduzida quando tratada com CO_2, mesmo a uma baixa concentração.

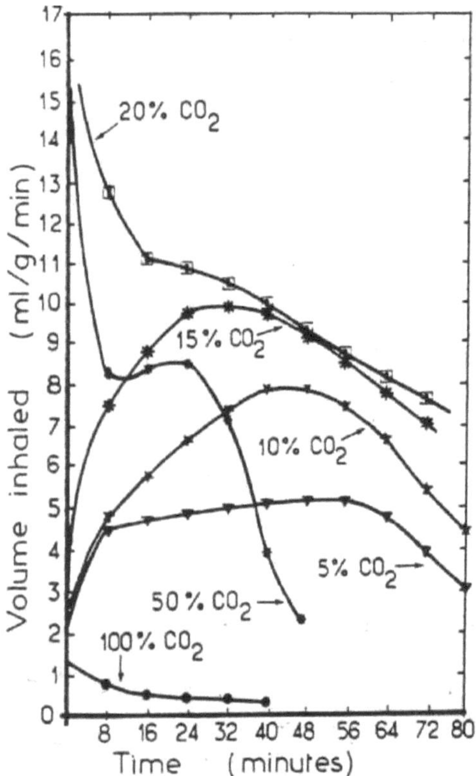

Fig. (17): Efeito a curto prazo de diferentes concentrações de CO_2 sobre a taxa de ventilação traqueal da barata, (Kitchell e Hokins, 1935).

Enquanto que na ausência de oxigénio, a temperaturas normais (20 a 30°C), não há grande diferença entre as espécies na obtenção de taxas de mortalidade elevadas (Annis, 1987), o mesmo não acontece quando a temperatura é baixa ou quando as atmosferas hipercarbónicas têm um elevado teor de oxigénio residual (Jay, 1984; Reichmuth, 1987). Quando o $O2$ é mantido a um nível de concentração superior a 10% em 50% de $CO2$ (equilíbrio de N2), ocorre knockdown, mas se os espiráculos permanecerem abertos, não deverá ocorrer anoxia. Nestas condições, a ação fisiológica do $CO2$ exclui um mecanismo respiratório. A acidificação dos fluidos corporais dos insectos expostos também não pode explicar a reação de imobilização porque o aumento artificial do pH não provoca o mesmo efeito. (Harein e Press, 1968; Bailey e Banks, 1980).

O efeito anestésico pode corresponder à perturbação da transmissão nervosa porque:

a)   O $CO2$ é altamente solúvel em lípidos.

b)   O ritmo circulatório é interrompido.

c)   O equilíbrio iónico de Na/K e a regulação da acetilcolina podem ser perturbados pela ingestão de $CO2$ do corpo do inseto (Miller, 1966; Sillans, 1977).

É reconhecido que o $CO2$ induz uma baixa permeabilidade da membrana e tem uma ação sobre as hormonas do sistema nervoso central (SNC) em *Locusta migratoria* (Fuzeau-Braesch, 1977), sendo o tempo de retenção máximo no cérebro do inseto em comparação com as outras partes do corpo (Nicolas, 1977). Em atmosferas com elevado teor de dióxido de carbono, observou-se que a mortalidade era independente da perda de água (Jay e Guff, 1981). Os efeitos da hiperacarbia são geralmente diferentes dos efeitos da anóxia e existe uma "razão metabólica" (Friedlander e Navarro, 1979; Donahaye, 1985; Navarro *et al.*, 1985).

O ritmo da ventilação nos insectos é controlado pelos gânglios nervosos torácicos (coordenação dos movimentos respiratórios) e pelo SNC (receptores sensíveis ao CO2). Quando os espiráculos estão abertos, a difusão do CO2 para o sítio ativo pode ocorrer mais rapidamente. Os insectos são mais sensíveis a concentrações elevadas de **CO2** do que à anóxia, possivelmente porque os efeitos do CO2 dissolvido se centram no cérebro (no protocérebro), o que pode aumentar a taxa de ventilação. O ritmo de abertura do espiráculo depende da cadeia nervosa ventral e são possíveis duas formas de abertura: pelo músculo da abertura espiral e pelo SNC. Por vezes, as duas vias são antagónicas: quando o nível de dióxido de carbono é baixo, a tensão muscular é menor e a abertura espiral pode permanecer aberta, mas o SNC emite impulsos nervosos que podem fechar as espirais num curto espaço de tempo. A abertura espiral completa é iniciada por uma concentração elevada de CO2 interno. Se a atmosfera hipercarbónica se mantiver estável na sua composição, verifica-se uma diminuição progressiva do influxo tónico e a abertura estigmática permanece amplamente aberta. O CO2 tissular e hemolinfático é retido sob a forma de sais de bicarbonato que se formam a partir do ácido carbónico na presença de uma base. A acidez impede normalmente a produção de carbonato e favorece a libertação de CO2 livre, sendo a membrana muito mais permeável ao CO2 do que aos iões bicarbonato (Aliniazee, 1971a).

As pressões parciais elevadas de CO2 provocam uma reação mais sensível do inseto do que a deficiência de oxigénio, possivelmente devido à diferença acentuada da constante de permeabilidade nos tecidos dos insectos entre os dois gases (para o CO2 é cerca de 36 vezes superior à do oxigénio). Os mecanismos de regulação respiratória dependem em grande parte de receptores cerebrais, mais sensíveis ao aumento da concentração de CO2 do que à depleção de O2. A interação entre a abertura permanente dos espiráculos e o efeito anestésico nos insectos é indiretamente observada na correlação entre a concentração solúvel de CO2 que produz a anestesia e a parte solúvel que forma o hidrato, que aumenta a difusão do CO2 para o local ativo (Edwards e Batten, 1973).

Por último, foi referido que o CO2 a baixa concentração também aumenta a perceção do odor pelos insectos (Barres e Jay, 1980). Quando as concentrações são elevadas, pode atuar como repelente (Bailey e Banks, 1980).

2.3. Combinações de concentrações baixas de oxigénio e elevadas de dióxido de carbono

2.3.1. Resposta dos insectos

Há um grande número de provas que sugerem que a combinação de uma baixa tensão de oxigénio e de elevadas concentrações de dióxido de carbono conduz a uma melhor eficiência no controlo dos insectos dos produtos armazenados. Uma das razões para isso é que os efeitos separados da deficiência de oxigénio e da hipercarbia acima descritos são combinados (Aliniazee, 1971a).

Curiosamente, o aumento da tensão de oxigénio numa atmosfera enriquecida com 50% de CO2 aumenta a taxa de mortalidade dos adultos de *Tribolium* spp. (Aliniazee, 1971a) e dos estádios imaturos dos gorgulhos (Hashem, *et al.*, 1994). No caso da mosca doméstica, *Musca domestica,* observou-se que, durante um knockdown induzido por CO2, não houve diminuição da concentração de oxigénio (Edwards e Batten, 1973). Noutros relatórios, foi claramente afirmado que, para *Sitophilus* spp., o COri3 puro não é tão eficaz como uma atmosfera de 60% de CO2 (8% de O2 residual). A completa falta de oxigénio é antagónica ao efeito tóxico de COr (Iay, 1984). Estes casos são considerados como excepções à regra da concentração/taxa de mortalidade e as espécies do género *Sitophilus* que reagem desta forma são utilizadas em diferentes laboratórios como modelos por esta razão.

Em caso de hipoxia (2 a 5% de O2), quando se adiciona uma pequena proporção de CO2 (5 a 40% de CO2) à mistura inicial de N2/O2, a taxa de mortalidade aumenta consideravelmente (Calderon e Navarro, 1979; Krishnamrthy *et al.,* 1986), (Fig. 18). Quando se adiciona CO2 a atmosferas com baixo teor de O2, verifica-se um efeito sinérgico que é evidente pela interação significativa entre as concentrações destes dois gases (Calderon e Navarro, 1980). Mesmo com a espécie tolerante, *T. granarium,* na fase larvar, em concentrações de O2 de 1,2%, o tempo de exposição letal necessário para matar 50% da população de insectos (LT50) diminuiu de 39 para 27 horas quando as concentrações de CO2 foram aumentadas de 0 para 15% (Girish, 1978). Este efeito parece bastante semelhante ao aumento da eficiência dos fumigantes por baixas concentrações (10 a 20%) de CO2 relatado por outros trabalhadores (Bond e Buckland, 1978; Calderon e Leesch, 1983).

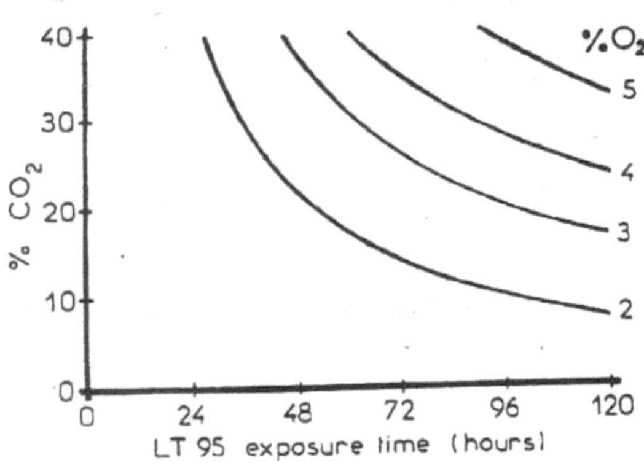

Fig. (18): Variação de LT95 com a concentração de CO2 na atmosfera em vários níveis de O2 a 26°C, 57% UR, para adultos de *Tribolium castaneum*, (Calderon eNavarro, 1979).

Num procedimento experimental diferente, observou-se que atmosferas contendo até 15% de O2 eram letais para as larvas de *Tribolium castaneum* e *Plodia interpunctella* quando se adicionava cerca de 36% de CO_2 (Harein e Press, 1968). Em alguns casos, quando apenas uma pequena quantidade de CO_2 está presente numa atmosfera deficiente em oxigénio, pode aumentar a taxa de mortalidade até dez vezes. Este aumento da velocidade de ação depende do nível de temperatura (Calderon e Navarro, 1979).

2.3.2. Hipótese fisiológica

A análise de todos os resultados obtidos em pistas de controlo com insectos de produto armazenado permite concluir que a avaliação das trocas gasosas respiratórias, durante a exposição ao MA, pode trazer alguma explicação para as condições do efeito sinérgico observado entre baixas tensões de O_2 e atmosferas com pelo menos 35% de dióxido de carbono. No entanto, esse tipo de informação não existe. Parece que o efeito anestésico do CO_2 é desfavorável à capacidade de reação do inseto e que a difusão passiva e a geração de um metabolismo anaeróbio ocorrem quando os níveis de concentração de oxigénio são demasiado baixos. Ocorre uma desintoxicação ou exclusão mais intensa do CO_2 dos receptores em espécies ou estádios tolerantes (Kashi, 1981; Desmarchelier, 1984). Estes mecanismos podem ser importantes na tolerância dos insectos aos tratamentos com CO_2 (Donahaye, 1985).

Um forte aumento da tolerância ocorreu perto da temperatura de 15°C a concentrações de O_2 superiores a 3% (Reichmuth, 1987) e, ao mesmo tempo, as necessidades de oxigénio são muito reduzidas (Fig.19). O gás ardente com 16% de CO_2 pode ser mais eficaz do que uma atmosfera de 80% de CO_2, para o controlo de *S. granarius*, com a mesma concentração de oxigénio residual (4%) a 15°C, para todas as fases exceto ovos (Reichmuth, 1987). A eficiência relativa destes tratamentos inverte-se quando a temperatura é de 20°C. Note-se que o efeito anestésico ocorre tanto a 20 como a 15°C, com 80% de CO_2. No entanto, com 16% de gás queimado CO_2III, ou não há efeito anestésico ou este é muito reduzido e uma pressão parcial de 4% de O_2 é suficiente para permitir alguma oxidação metabólica que acelera o início da morte do inseto (Bell, 1984).

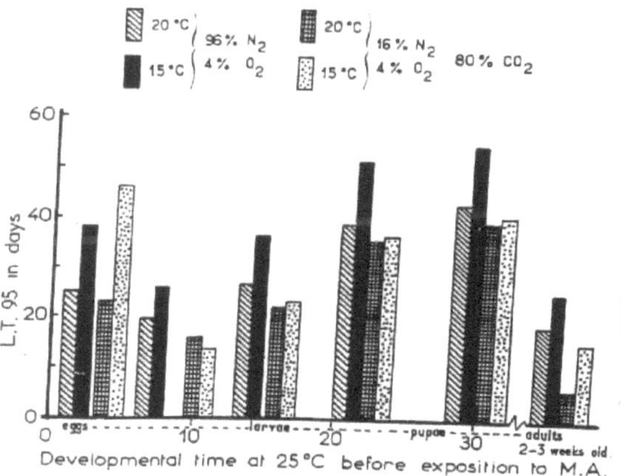

Fig. (19): Variações no tempo de exposição ao LT95 para os estádios de desenvolvimento de *Sittophilus*

granarius a dois níveis de temperatura sob diferentes MAs para hipoxia (96% N2 + 4% O2) ou para hipoxia combinada com hipercarbia (16% N2 + 4% O2 +80% CO2), (Reichmuth, 1986).

Durante um estudo sobre a tolerância de *T. castaneum* a atmosferas enriquecidas em CO2 ou à anoxia. Donahaye (1985) observou que ocorre uma adaptação fisiológica em estirpes seleccionadas que resulta de dois mecanismos diferentes, quer à hipercarbia quer à anoxia. Não existe uma forma simples de adaptação em estirpes seleccionadas, mas sim uma diminuição geral da intensidade metabólica e períodos de desenvolvimento prolongados.

Entre os resultados sobre os efeitos combinados de hipercarbia e anoxia, há contradições. Parece que o limiar de concentração de cada gás, quer para o CO2 quer para o O2, depende muito da tolerância do inseto; cada espécie e estádio pode ter uma concentração crítica diferente para os dois gases que funcionam em sinergismo ou antagonismo (Tunc, 1983; Desmarchelier, 1984).

3.   Bioquímica de insectos de produtos armazenados sob condições modificadas atmosferas

3.1.   Metabolismo respiratório

Observou-se, por exemplo, em moscas domésticas, que durante a primeira fase da anoxia a concentração de glicerol-l-fosfato aumenta acentuadamente, provavelmente como resultado de uma inibição da glcerol-l-fosfato desidrogenase (Heslop e Ray, 1964). Os insectos com as concentrações naturais mais elevadas de glicerol-1-fosfato deveriam ser os mais tolerantes à anoxia.

Quando se mantém uma atmosfera de azoto puro, a oxidação do NADH ocorre por conversão do piruvato em lactato através da anaerobiose. Neste caso de metabolismo anaeróbico dos hidratos de carbono, a -glicerofosfato desidrogenase está envolvida na oxidação do NADH em vez da lactato desidrogenase (Gade, 1985). Os níveis elevados de piruvato e de lactato medidos nos tecidos dos insectos durante a anaerobiose (Price e Walter, 1987) confirmam a utilização da via anaeróbia clássica. Os níveis de lactato e de piruvato aumentam em conjunto, pelo que o seu rácio não se altera significativamente. A hipercarbia reduz a relação para cerca de 25% do valor de controlo, indicando uma alteração do potencial redox e uma lesão da cadeia de transporte de electrões, presumivelmente por uma modificação da permeabilidade da membrana mitrocondrial (Friedlander, 1984). Para além da consequência da ativação do metabolismo anaeróbio, há uma diminuição drástica da concentração de ATP (Atkinson, 1968) impedindo a formação de poder redutor para a manutenção do metabolismo das células respiratórias e provocando um efeito neurotóxico indireto. A enzima málica é completamente inibida em concentrações de cerca de 40% de CO2, parando a produção de NADH. Em concentrações superiores a 50% de CO2 inibe a biossíntese de glutationa (derivada da falta de ATP ou de ácido glutâmico). A falta de ATP também inibe a reacetilação da colina, principalmente no SNC (Friedlander *et al.,* 1983).

As alterações associadas nos níveis de a-glicerofosfato, que deveriam existir, não foram claramente demonstradas. Parece que o aumento da concentração de glicerofosfato ocorre apenas durante a primeira parte da anoxia e que, após um longo período, o catabolismo do glicero-l-fosfato ocorre por outro mecanismo (Heslop e Ray, 1964). Esta poderia ser a razão da incapacidade de detetar uma variação nos níveis de glicerofosfato após um tratamento prolongado com azoto (Price e Walter, 1987).

Por outro lado, o efeito sobre o potencial redox é o inverso: não é muito afetado pelos AMs durante a primeira fase do tratamento, mas após 4 dias de exposição, para o *T. castaneum,* a razão (NAD)7(NADH) nas mitocôndrias diminuiu (Donahaye, 1985) em relação à inibição do transporte de electrões mitocondriais como observado *in vitro.*

A glicólise anaeróbica tende a manter o potencial redox próximo de um nível constante durante o tratamento, principalmente através da formação de lactato ou piruvato, tal como observado nos corpos de insectos. O tripeptídeo glutatião deve desempenhar um papel importante nesta regulação do potencial redox, sendo uma importante substância tampão na célula viva. Numa atmosfera de 90% de CO_2, o seu nível de concentração desce para 35% do nível normal (Friedlander, 1984).

Durante a anoxia, podem acumular-se no corpo do inseto quantidades anormais de vários produtos finais (Kennington e Cannel, 1967). Além disso, na ausência total de oxigénio, todos os transportadores de electrões e coenzimas de transferência de electrões ficam reduzidos. De acordo com Kennington e Cannel (1967), a sobrevivência dos insectos anóxicos depende da capacidade do seu sistema nervoso para tolerar as quantidades letais destes produtos metabólicos finais.

Na respiração celular, considera-se geralmente que a respiração suave em atmosferas muito fracamente oxigenadas retarda a glicólise anaeróbia e, inversamente, a glicólise anaeróbia pode inibir a respiração. As medições mostram que o metabolismo anaeróbio resulta geralmente na acumulação de lactato (Wigglesworth, 1965; Kennington e Cannel, 1967; Aliniazee e Lindgren, 1970), que pode interferir com os processos metabólicos aeróbios. O aumento do lactato na hemolinfa é cerca de quatro vezes superior em condições de hipoxia do que numa mistura 90:10 CO_2/O_2 (Navarro e Friedlander, 1975). No entanto, esta observação é o resultado de alterações em muitas outras funções metabólicas (Friedlander e Navarro, 1979).

O CO_2 é normalmente produzido nas mitocôndrias das células respiratórias. O gás forma lentamente ácido carbónico, que se dissocia em condições básicas para dar iões de bicarbonato. O excesso de carbonato afecta negativamente a atividade celular. A produção de carbonato é impedida pela baixa acidez (pH 6,5 a 7) da hemolinfa. A hipóxia é acompanhada por uma diminuição do pH, induzindo um aumento da libertação de CO_2 livre para restabelecer o equilíbrio normal. Este mecanismo está relacionado com a disponibilidade interna de água. A perda de água, quando os espiráculos permanecem abertos em atmosferas hipercarbónicas, deve estar correlacionada com uma acumulação de CO_2, que não pode ser expelido quando falta água. No músculo espiral, a acumulação de CO_2 pode reduzir a quantidade de transmissor ou diminuir a sensibilidade da membrana alvo (Raccaud-Scholler, 1980). Durante a dessecação, a concentração de K" na hemolinfa pode ser afetada, causando um efeito direto na transmissão do influxo nervoso, e a frequência motora dos gânglios pode ser alterada se o equilíbrio iónico for perturbado. Quando uma concentração elevada de CO_2 está associada a hipoxia, o limiar de sensibilidade ao CO2 é geralmente reduzido.

3.2. Metabolismo geral

A perda de peso observada durante a anoxia não se deve inteiramente à perda de água corporal e pode estar relacionada com o consumo de triglicéridos, levando à produção de O2 endógeno e água para manter o potencial energético e o pH durante a anoxia.

As reservas de triglicerídeos são a principal fonte de energia metabolizada pelo *T. castaneum* durante o tratamento com MA. Os conteúdos de triglicéridos no corpo do inseto são mais elevados em estirpes seleccionadas para atmosferas com elevado teor de CO2 e atingem 10% do peso seco do corpo (Donahaye, 1985). A gordura é geralmente metabolizada durante a contração muscular, mas os hidratos de carbono são utilizados em primeiro lugar porque a oxidação mitocondrial dos ácidos gordos é muito fraca e a utilização dos ácidos gordos ocorre geralmente nos músculos. Com os lípidos, há um maior rendimento de água metabólica após a oxidação. Este facto é parcialmente confirmado por uma diminuição da concentração de triglicéridos que ocorre durante a anóxia ou a hipercarbia. Foi sugerido que os triglicéridos eram utilizados para a formação de "água metabólica", mas este modo de compensação endógena da água parece insuficiente (Fleurat-Lessard, 1990).

O perfil da inibição em CO2 MA assemelha-se à curva encontrada para a saturação dos citocromos com anóxia parcial (Edwards, 1968) e (Fleurat-Lessard, 1990) sugeriu que a inibição era o resultado da competição do CO2 com o substrato da succínico-desidrogenase dos insectos, que é outro sistema redox. No entanto, a verificação *in vivo* não conseguiu demonstrar o mecanismo observado *in vitro* e não foi demonstrada a inibição competitiva da ácido succínico-oxidase (Edwards e Batten, 1973). O envenenamento progressivo por CO2, tal como observado, por exemplo, nos bichos-da-orelha, segundo Edwards (1968), inibe a utilização de O2 por enzimas específicas, como a succínico-desidrogenase, ou provoca um metabolismo oxidativo fraco, resultando na acumulação de produtos tóxicos, como o lactato, o a-glicerofosfato, o piruvato ou o ácido succínico, tal como referido anteriormente.

Após o tratamento, quando os insectos são transferidos de uma atmosfera anóxica para uma atmosfera normal, as enzimas são novamente activadas e pode acontecer que a concentração de substâncias catabólicas residuais seja demasiado elevada e que o efeito tóxico resultante aumente a taxa de mortalidade. Parece que a desintoxicação de resíduos no corpo do inseto deve ser contínua e que a mortalidade adicional que ocorre após a remoção para atmosferas normalmente oxigenadas pode ser devida ao stress do oxigénio. Esta hipótese, que está relacionada com a viabilidade das sementes, requer uma maior clarificação com insectos. As oxidases e as peroxidases podem desempenhar um papel na desintoxicação de radicais livres derivados quer da acumulação de CO2 quer de vias aeróbias bloqueadas. Outros estudos bioquímicos básicos para determinar os critérios bioquímicos associados ao processo que conduz à morte devem fornecer informações importantes para uma nova abordagem da utilização de MA para o controlo de insectos de produtos armazenados (Fleurat-Lessard, 1990).

4. Conclusão

Para obter resultados mais compreensíveis sobre os efeitos das MA nos insectos dos produtos armazenados, os responsáveis pelo planeamento da investigação devem ter em conta os resultados compilados a partir de experiências relevantes e de informações de outras ciências. Os bioensaios simples sobre este assunto são influenciados por muitos factores complexos e o número de combinações entre parâmetros bióticos e de influência biótica envolvidos é demasiado elevado.

Os investigadores estão conscientes destes factores e têm-nos em conta na interpretação dos resultados. No entanto, a prática habitual de aumentar os teores de CO2 ou de diminuir os teores de O2 nos armazéns de produtos armazenados para controlar as populações de insectos envolve um conjunto extenso de variáveis com relações complexas (Fig. (20), (Fleurat-Lessard, 1990).

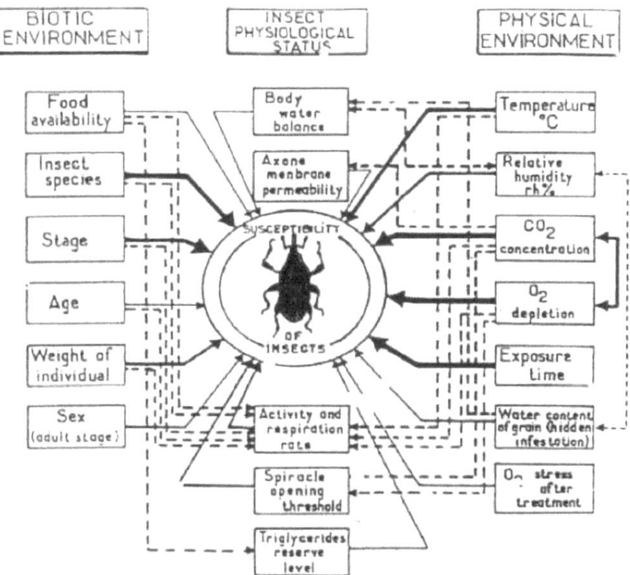

Fig. (20): Representação esquemática dos principais factores que afectam a suscetibilidade dos insectos de produtos armazenados às MAs, (Fleurat-Lessard, 1990).

Nesta revisão dos trabalhos científicos e práticos sobre os efeitos das MAs nos insectos de produtos armazenados, encontrámos alguma dificuldade em separar os efeitos da anoxia da ação do CO2 isoladamente. No entanto, a separação destes efeitos afasta-se do objetivo habitual da maioria das experiências actuais, que é a obtenção de resultados com aplicação prática. Este facto deu origem a uma diversidade de metodologias, de modo a utilizar os diferentes meios disponíveis para produção de MA. Apesar disso, o efeito sinérgico da atmosfera de CO2 elevado e da anóxia parcial foi a principal descoberta obtida durante esta investigação. No entanto, são necessárias mais informações básicas sobre os processos metabólicos envolvidos na mortalidade dos insectos, minimizando as interacções entre a composição dos gases e outros factores ambientais. As experiências com espécies de insectos com reacções diferentes, por exemplo, *S. granarius* e *T. castaneum,* podem ser úteis para alcançar novos progressos.

A partir desta nova base, os trabalhos fisiológicos permitirão analisar a perturbação do metabolismo respiratório ou da transmissão do influxo nervoso e explicar melhor o modo de ação. O conhecimento do efeito tóxico dos MA e da resposta dos insectos a ambientes anóxicos ou hipercárbicos só precisa de ser aprofundado após uma definição clara do local da lesão bioquímica (Fleurat-Lessard, 1990).

REFERÊNCIAS

Aliniazee, M. T. (1971a): The effect of carbon dioxide gas alone or in combinations on the mortality of *Tribolium castameum* (Herbst) and *T. confusum* du Val (Coleoptera, Tenebrionedae). J. Stored Prod. Res. 7, 243-252.

Aliniazee, M. T. (1971b): Effect of carbon dioxide gas on respiration of confusedflourbeetle. J. Econ. Entomol. 64, 1304-1308.

Aliniazee, M. T. (1972): Suscetibilidade do escaravelho confuso e do escaravelho da farinha vermelha à anoxia produzida pelo hélio e pelo azoto a várias temperaturas. J. Econ. Entomol. 65, 60-64.

Aliniazee, M. T. e Lindgren, D. (1970): Eclosão de ovos de *Tribolium confusum* e *T. castaneum* (Coleoptera, tenebrionidae) em diferentes atmosferas de dióxido de carbono e azoto. Ann. Entomol. Soc. Am. 63, 1010-1017.

Annis, P. C. (1987): Towards rational controlled atmosphere dosage schedules: Uma revisão dos conhecimentos actuais. In: "Proceedings of the 4th Int. Working Conf, on Stored Products Protection", Donahaye, E. e Navarro, S. (Eds.), Maor-Wallach Press, Jerusalém, pp. 128-148.

Arthur, F. H. (1994): Viabilidade do uso de aeração para controlar insetos pragas de com armazenados no sudeste da Geórgia: teste de campo simulado. J. of Econ. Entomol. 7, 1359-1365.

Atkinson, D. E. (1968): A carga energética do pool de adenilato como parâmetro regulador. Interação com modificadores de feedback. Biochemistry I, 4030-4032.

Attia, R. (1948): Typical methods ofhandling and storing grain in Egypt. FAO, Agric. Studies 2, 105-109.

Badawy, A. M. (1966): A History ofEgyptian Architecture. Univ. Calif. Press, Berkley/Los Angeles, Vol. II, 272 p.

Bailey, S.W. (1955): Armazenamento hermético de ganho: seus efeitos sobre as pragas de insectos. I. *Calandra granaria* L. (Coleoptera: Curculionidae). Aust. J. Agric. Res. 6,33-51.

Bailey, S.W. (1965): Armazenamento hermético de cereais: seus efeitos sobre as pragas de insectos. IV. *Rhyzopertha dominica* (F.) e alguns outros Coleoptera que infestam o grão armazenado. J. StoredProd. Res. 1, 25-33.

Bailey S. W. e Banks H. J. (1974): The use of controlled atmospheres for the storage of grain. In: "Proceedings of the 1st Int. Working Conf, on StoredProductEntomology", Savannah, pp. 362-370.

Bailey S. W. e Banks H. J. (1980): Uma revisão de estudos recentes sobre os efeitos de atmosferas controladas pragas de produtos armazenados. In: "Controlled Atmosphere Storage of Grains", Shejbal, J. (Ed.), Elsevier, Amsterdam,pp. 101-118.

Banks, H. J. (1981): Efeitos da atmosfera controlada na qualidade dos grãos: A review. Food Technology in

Australia 33, 335-340.

Banks, H. J. (1984): Assessment of sealant systems for treatment of concrete grain storage bins to allow their use with fumigants or controlled atmosphere. Committee on Silo Sealant, Division of Entomology, Commonwealth Scientific and Industrial Research Organization, Camberra, Austrália. **Citado de** Ripp, B. E.; De Largie, T. A. e Barry, C. B. (1990): Advances in the practical application of controlled atmosphere for the preservation of grain in Australia (Avanços na aplicação prática da atmosfera controlada para a preservação de grãos na Austrália). In: "Food preservation by Modified Atmospheres", Calderon, M. e Raraki-Golan, R.(Eds.), CRC Press, Boca Raton, FL,USA,pp. 151-184.

Banks, H. J.; Annis, P. C.; Henning, R. C. e Wilson, A. D. (1980): Experimental and commercial modified atmosphere treatments of stored grain in Australia. In: "Controlled Atmosphere Storage of Grains", Shejbal, J. (Ed.), Elsevier, Amesterdão, pp. 207-224.

Baranyi, J.; Robinson, T. P.; Kaloti, A. e Mackey, B. M. (1995): Previsão de crescimento de *Brochothrix thermosphacta* em mudança de temperatura. Int. J. Food Microbiol. 27, 61-75.

Barrer, P. M. e Jay, E. G. (1980): Laboratory observations on the ability of *Ephestia cautella* (Walker) (Lepidoptera, Phycitidae) to locate, and to oviposit in response to a source of grain odour. J. Stored Prod. Res. 16, 1-7.

Becker, B. (1986): Plantas silvestres para a alimentação humana na zona saheliana. J. AridEnvironment 11, 61-64.

Bell C. H. (1984): Efeitos do oxigénio na toxicidade do dióxido de carbono para os insectos de armazenamento. Em "Atmosfera Controlada e Fumigação em Armazéns de Grãos". Ripp, B. E. (Ed.), Elsevier, Amsterdão, pp. 6774.

Bell, C. H. (1993): Armazenamento de grãos em atmosfera modificada. Ciência e Tecnologia Alimentar Hoje 7, 212-216.

Bond, E. J. e Buckland, C. T. (1978): Controlo de insectos com fumigantes a baixas temperaturas: Toxicidade de fumigantes em atmosferas de dióxido de carbono. J. Econ. Entomol. 71, 307-312.

Booth, F. E. M. e Wickens, G. E. (1998): Non-timber uses of selected arvores e arbustos de zonas áridas em África. Guia de Conservação da FAO 19, 176-182.

Borchardt, L. und Rieke, H. (1929): Agypten: Landchaft, Volksleben, Baukunst. Verlag E. Wasmuth AG, Berlim, 272 p.

Brook, R. C. (1992): Secagem de grãos de cereais. In: "Storage of Cereal Grain and Their Products", Sauer, D. B. (Ed.), 4th Ed., American Association of Cereal Chemists, St Paul, MN, pp. 183-218.

Budge, E. A. W. (1978): An Egyptian Hieroglyphic Dictionary in Two volumes, reedição da edição de 1920,

Dover Publ. Inc., Nova Iorque, 1314p.

Calderon, M. (1990): Atmosferas modificadas para o armazenamento de grãos e seus produtos. In: "Food preservation by Modified Atmospheres", Calderon, M. e Raraki-Golan, R.(Eds.), CRC Press, Boca Raton, FL, EUA, pp. 3-8.

Calderon, M. e Leesch, J. G. (1983): Effect of reduced pressure and CO2 on the toxicity of methyl bromide to two species of stored-product insects. J. Econ. Entomol. 76, 1125-1130.

Calderon, M. e Navarro, S. (1979): Aumento da toxicidade de atmosferas de baixo oxigénio suplementadas com dióxido de carbono em adultos de *Tribolium castaneum*. Entomol. Exp. Appl. 25, 39-44.

Calderon, M. e Navarro, S. (1980): Efeitos sinérgicos de misturas de CO2 e O2 em duas pragas de insetos de grãos armazenados. In: "Controlled Atmosphere Storage of Grains", Shejbal, J. (Ed.), Elsevier, Amesterdão, pp. 79-84.

Casada, M. E. e Young, J. H. (1994): Modelo para transferência de calor e humidade em meios porosos bidimensionais de forma arbitrária. Transacções da ASAE 37, 1927-1938.

Champ, B. R. e Dyte, C. E. (1979): Report of the FAO Global Survey of Pesticide Susceptibility of Stored Grain Pests. FAO Plant Products/ Protection Service No. 5, FAO, Roma.

Cuperus, G. W. e Prickett, C. K.; Bloom, P. D. e Pitts, J. T., (1989): Populações de insetos em trigo armazenado aerado e não aerado em Oklahoma. J. Kansas Entomol. Soc. 59, 620-627.

Darby, W. J.; Ghalioungui, P. e Grivetti, L. (1977): Food, the Gift of Osiris, Acad. Press Inc., Londres, Vol. II, pp. 547-499.

De Lima, C. P. F. (1980a): Experiência de campo com o armazenamento hermético de cereais na África Oriental, com ênfase nas estruturas destinadas a reservas para a fome. In: "Controlled Atmosphere Storage of Grains", Shejbal, J. (Ed.), Elsevier, Amsterdão, pp. 39-53.

De Lima, C. P. F. (1980b): Requisitos para a integração de instalações de armazenamento hermético em larga escala com sistemas convencionais. In: "Controlled Atmosphere Storage of Grains", Shejbal, J. (Ed.), Elsevier, Amsterdam, pp. 427-435.

De Lima, C. P. F. (1981): Armazenamento hermético de reservas de longo prazo para a fome. In: "Proc. Int. Conf, on Agricultural Engineering and AgroIndustries". Instituto Asiático de Tecnologia, Banguecoque. Tailândia. **Citado de** De Lima, C. P. F. (1990): Armazenamento hermético: princípio e prática. In: "Food preservation by Modified Atmospheres", Calderon, M. e Raraki-Golan, R.(Eds.), CRC Press, Boca Raton, FL,USA,pp. 9-20.

De Lima, C. P. F. (1984): Requisitos mínimos de fumigantes para o armazenamento hermético de grãos a longo prazo. In: "Atmosfera Controlada e Fumigação no Armazenamento de Grãos", Ripp, B. E., (Ed.), Elsevier, Amesterdão, pp. 665-671.

De Lima, C. P. F. (1990): Armazenamento hermético: princípio e prática. In: "Food preservation by Modified Atmospheres", Calderon, M. and Raraki- Golan, R.(Eds.), CRC Press, Boca Raton, FL, USA, pp. 9-20.

Desmarchelier, J. M. (1984): Effect of carbon dioxide on the efficacy of phosphine against different stored products insects. Mitteilungen aus der Biologischen Bundesanstalt für Land und Forstwirtschaft, Berlin-Dahlem, Heft 220, 57 p.

Desmarchelier, J. M. e Wohlgemuth, R. (1984): Resposta de várias espécies de insectos a misturas de fosfina e dióxido de carbono. In: "Atmosfera Controlada e Fumigação no Armazenamento de Grãos", Ripp, B. E., (Ed.), Elsevier, Amesterdão, pp. 75-81.

Donahaye, E. (1985): Studies on the development of resistance to modified atmospheres in the stored product insect *Tribolium Castaneum* (Herbst) (Red Flour Beetle). Tese de doutoramento, Universidade Hebraica.

Dyte, C. E. (1970): Resistência a insecticidas em insectos de produtos armazenados com especial referência ao *Tribolium castaneum*. Tropical Stored Product Information 20, 13-18.

Edwards, L. J. (1968): Anestesia com dióxido de carbono e desidrogenase succínica no verme da orelha *Heliothis zea*. J. Insect Physiol. 14, 1045-1048.

Edwards, L. J. e Batten, R. W. (1973): Consumo de oxigénio em moscas domésticas anestesiadas com dióxido de carbono, *Musca domestica* L. (Diptera: Muscidae). Comp. Biochem. Physiol. A. 44, 1163-1166.

Fleurat-lesserd, F. (1990): Efeito das atmosferas modificadas sobre os insectos e ácaros que infestam os produtos armazenados. In: "Food preservation by Modified Atmospheres", Calderon, M. e Raraki-Golan, R.(Eds.), CRC Press, Boca Raton, FL, EUA, pp. 21-38.

Forbes, T. J. (1965): Algumas observações sobre o armazenamento hermético de cevada não seca. Agric. Prog. 40, 55-61.

Friedlander, A. (1984): Reflexões bioquímicas sobre um método de controlo não químico. O efeito de atmosferas controladas sobre os processos bioquímicos em insectos de produtos armazenados. In: "Proceedings of the 3rd Int. Working Conf, on Stored Product Entomology", Manhattan, KS, pp. 471 - 480.

Friedlander, A. e Navarro. S. (1979): Metabolismo de triglicerídeos em pupas de *Ephestia cautella* expostas ao dióxido de carbono. Experientia 35, 1424-1425.

Friedlander, A.; Navarro, S. e Silhacek, D. L. (1983): O efeito do dióxido de carbono na produção de NADPH em pupas de *Ephestia cautella* (Walker). Comp. Biochem. Physiol. B. 77, 839-842.

Fuzeau-Braesch, S. (1977): Aspect neurophsiologique de la différenciation phasaire chez le Criquet migrateur *Locusta migratoria*. amines biogènes et perméabilité membranaire. In: "4th Coll. Physiol, de 1'

Insecte Métabolisme. Univ. Bordeaux. (Ed.), 71-74. **Citado de** Fleurat-lesserd, F. (1990): Effect of modified atmospheres on insects and mites infesting stored products. In: "Food preservation by Modified Atmospheres", Calderon, M. e Raraki-Golan, R.(Eds.), CRC Press, Boca-Raton, FL, EUA, pp. 21-38.

Gâde, G. (1985): Metabolismo energético anaeróbio.In: "Fisiologia ambiental e bioquímica dos insectos", Hoffmann. K. H., (Ed.), Springer-Verlag, Viena. **Citado de** Fleurat-lesserd, F. (1990): Efeito das atmosferas modificadas sobre os insectos e ácaros que infestam os produtos armazenados. In: "Food preservation by Modified Atmospheres", Calderon, M. e Raraki-Golan, R.(Eds.), CRC Press, Boca-Raton, FL, EUA, pp. 21-38.

Girish, G. K. (1978): Suscetibilidade de larvas adultas de *Trogoderma granarium* Everts a concentrações variáveis de dióxido de carbono a baixa oxigénio. Bull. GrainTechnol. 16, 199-202.

Girish, G. K. (1980): Estudos sobre a preservação de grãos alimentares sob armazenamento hermético natural. In: "Controlled Atmosphere Storage of Grains", Shejbal, J. (Ed.), Elsevier, Amesterdão, pp. 15-25.

Hall, C. W. (1980): Drying and Storage of Agricultural Crops (Secagem e Armazenamento de Culturas Agrícolas). AVI, Westport, CT. **Citado de** Moreno, M. E.; Jiméne Z. S. e Vazquez, M. E. (2000): Effect of *Sitophilus zeamais* and *Aspergillus chevalieri* on the oxygen level in maize stored hermetically. J. Stored Prod. Res. 36, 25-36.

Hall, D. W. e Hyde, M. B. (1954): The modem method of hermetic storage. Trop. Agric., Trin. 31, 149-160.

Hall. D. W., Haswell, G. A., e Oxley, T. A. (1956): Armazenamento subterrâneo de grãos. Colon. Res. Stud., 21-27. **Citado de** De Lima, C. P. F. (1990): Armazenamento hermético: princípio e prática. In: "Food preservation by Modified Atmospheres", Calderon, M. e Raraki- Golan, R.(Eds.), CRC Press, Boca Raton, FL, USA, pp. 9-20.

Harein, P. K. e Davis, R., (1992): Controlo de insectos de grãos armazenados. In: "Storage of Cereals and their Products", Sauer, D. B. (Ed.), 4th Ed., American Association of Cereal Chemists, St Paul, MN, pp. 491-534.

Harein, P. K. e Press, A. F. (1968): Mortalidade de insectos de amendoim armazenado expostos a misturas de gases atmosféricos a várias temperaturas.
J. Stored Prod. Res. 4, 77-82.

Hashem, M. Y. (1993): Estudos sobre a resposta dos ovos de três curculionídeos a atmosferas controladas. Bull. Ent. Soc. Egipto, Econ. Ser. 20, 39-46.

Hashem, M. Y. (2000): Role of bruchid beetle *callosobruchus maculates* (F.) in faba been yield losses during storage and its control using inert gases. Proteção Integrada de Produtos Armazenados, IOBC Bull. 23, 275-283.

Hashem, M. Y. e Reichmth, CH. (1996): Respostas de diferentes espécies de insectos de produtos armazenados a misturas de dióxido de carbono e/ou azoto no ar. Bull. Ent. Soc. Egipto-Econ. Ser. 23, 86-91.

Hashem, M. Y. eRisha, E. M. (1998): Toxicidade de alta COr-atmosferas para vários armazenamento de *Callosobruchus chinensis* (Coleopltra: Bruchidae). Bull. Ent. Soc. Egipto, Econ. Ser. 25, 99-105.

Hashem, M. Y. e Sharafeldin, A. A. A (2000): atmosferas com baixo teor de oxigénio para desinfetar o feijão Faba das brucelárias. J. Agric. Sci. Mansoura University, 25 (no prelo).

Hashem, M. Y.; Ismail, I. I. e Omar, E. E. (1994): Treatment of the cowpea weevil *Callosobruchus maulatus* with low oxygen atmospheres containing carbon dioxide. J. Plant Diseases and Protection 101, 183-187.

Hashem, M. Y.; Risha, E. M. e Sharafeldin (1993): Um método de controlo de insectos de produtos armazenados através da alteração da atmosfera circundante. J. Invert.- J. Egypt. Ger. Soc. Zool. 12 (D), 323-333.

Heleck, W. (1976): Emâhrung, Lexikon der Àgyptologie, Bd. I, pp. 12671271. **Citado de** Levinson, H. Z. e Levinson, A. R. (1994): Origem do armazenamento de grãos e espécies de insectos que consomem alimentos dessecados. Anz. Schadlingskde., Pflanzenchutz, Umweltschutz 67, 4759.

Herreid,C. F.(1980):Hypoxiain invertebrates.Comp. Biochem.Physiol. A. 67, 311-314.

Heslop, J. P. e Ray, J. W. (1964): Metabolismo do glicerol-I-fosfato na mosca doméstica *{Musca domestica* L.) e os efeitos dos venenos. Biochem. J. 91, 187-189.

Hyde, M. B. (1965): Princípios de conservação de grãos húmidos. Journal and Proceedings of the Institute of Agricultural Engineering 21, 7582.

Jay, E. (1984): Imperfeições no nosso conhecimento atual da biologia dos insectos em relação à sua resposta a atmosferas controladas. Em "Atmosfera Controlada e Fumigação em Armazéns de Grãos". Ripp, B. E. (Ed.), Elsevier, Amesterdão, pp. 493-308.

Jay, E. G. e Guff, W. (1981): Perda de peso e mortalidade de três estágios de vida de *Tribolium castaneum* (Herbst) quando exposto a quatro atmosferas modificadas. J. StoredProd. Res. 17, 117-124.

Jay, E. G. e Pearman, G. C. (1971): Suscetibilidade de duas espécies de *Tribolium* (Coleoptera: Tenebrionidae) a alterações das concentrações de gases atmosféricos. J. StoredProd. Res. 7, 181-186.

Jay, E. G. e Pearman, G. C. (1973): Dióxido de carbono para o controlo de uma infestação de insectos em produtos armazenados (milho). J. Stored Prod. Res. 9, 2529.

Jay, E. G; Arbogast, R. T. e Pearman, G. C. (1971): Relative humidity: its importance in the contol of stored product insects with modified atmospheric gas concentrations. J. Stored Prod. Res. 7, 325-329.

Jay, E. G.; Redlinger, L. M. e Laudani, H. (1970): Aplicação e distribuição de dióxido de carbono num silo de amendoim (groundnut) para controlo de insectos. J. Stored Prod. Res. 6, 247-254.

Kamel, A. H. (1980): Armazenamento subterrâneo em alguns países árabes. Em "Controlled Atmosphere Storage of Grains", Shejbal, J., (Ed.), Elsevier, Amesterdão, pp. 25-38.

Kashi, K. P. (1981): Relação entre o nível de dióxido de carbono no ambiente e a respiração de alguns insectos de produtos armazenados. In: "Proceedings of the 1st Australian Stored Grain Pest Control Conference", Williams, P. e Amos, T. (Eds.), CSIRO, Melbourne, pp. 5-10.

Kawasugi, S.; Hawahima, K. e Siracha, P. (1994): Prevenção da contaminação por aflatoxinas no milho tailandês. 2. Distribuição do milho com elevado teor de humidade e métodos de controlo da infeção por *Aspergillus flovus*. KIRCAS Journal 1, 9-17.

Keister, M. e Buck, J. (1964): Respiração, alguns efeitos exógenos e endógenos na taxa de respiração. In: "The Physiology of Insecta", Rockstein, M. (Eds.), Vol. 3, Cap. 11, Academic Press, Nova Iorque.

Kennington, G. S. e Cannel. S. (1967): Correlatos bioquímicos de alterações respiratórias e de desenvolvimento em pupas *Tribolium confUsum* anóxicas. Physiol. Zoll. 40, 403-405.

Kitchell, R. L. e Hoskins, W. H. (1935): Ventilação respiratória da barata no ar, em dióxido de carbono e em atmosferas de nicotina. J. Econ. Entomol. 28, 924-927.

Kreyger, J. (1972): Secagem e armazenamento de grãos, sementes e leguminosas em climas temperados. Instituto de Armazenamento e Processamento (IBVC) Holanda, Pub. 205.

Krishnamurthy, T. S.; Spratt, E. C. e Bell, CH. (1986): A toxicidade do dióxido de carbono para besouros adultos em atmosferas de baixo oxigénio. J. StoredProd. Res. 22, 145-151.

Levinson, H. Z.; Levinson, A. R. (1985): Armazenamento e espécies de insetos de grãos armazenados e túmulos no antigo Egito. Zeitschrift fur angewandte Entomologie 100, 321-339.

Levinson, H. Z.; Levinson, A. R. (1988): Hungersnot und Nahrungsspeicherung im alten Agypten. Spektrum der Wissenschaft 11, 40-47.

Levinson, H. Z. e Levinson, A. R. (1994): Origem do armazenamento de grãos e espécies de insetos que consomem alimentos dessecados. Anz. Schadlingskde., Pflanzenchutz, Umweltschutz 67, 47-59.

Lindgren D. L. e Vincent L. E. (1970): Effects of atmospheric gases alone or in combination on the mortality of granary and rice weevils. J. Econ. Entomol. 63, 1926-1929.

Lopez, C. O. (1946): La conservación de los cereales y silos subterraneos. *Resenas, 1,* 27 - 43. **Citado de** De Lima, C. P. F. (1990): Armazenamento hermético: princípio e prática. In: "Food preservation by Modified Atmospheres", Calderon, M. and Raraki-Golan, R.(Eds.), CRC Press, Boca Raton, FL, USA, pp. 9-20.

Lopez, C. O. (1973): Silos herméticos de armazenamento subterrâneo na Argentina. In: "Armazenamento hermético de grãos", FAO Agric. Serv. Bull. No. 17, 72-83

Lu Qianyu (1984): An overview of the present state of controlled atmosphere storage of grain in China. In: "Atmosfera Controlada e Fumigação no Armazenamento de Grãos", Ripp, B. E. (Ed.), Elsevier, Amesterdão, pp. 15-29.

Marzke F. O.; Press A. F. e Pearman G. C. (1970): Mortalidade do gorgulho do arroz, da traça da farinha da Índia e do *Trogoderma glabrum* expostos a misturas de gases atmosféricos a várias temperaturas. J. Econ. Entomol. 63, 570-574.

Miller, P. L. (1966): A regulação da respiração em insectos. Adv. Insect Physiol. 3, 279-282.

Mitsuda, H.; Kawai, F. e Yamamoto, A. (1971): Armazenamento hermético de cereais e leguminosas sob a água e o solo. Mem. Coll. Agric. Kyoto Univ. 100, 49-55.

Mitsuda, H.; Kawai, F. e Yamamoto, A. (1972): Armazenamento subaquático e subterrâneo de grãos de cereais. Food Technol. 26, 50-56.

Moreno, M. E.; Jiméné Z. S. e Vazquez, M. E. (2000): Efeito de *Sitophilus zeamais* e *Aspergillus chevalieri* sobre o nível de oxigénio no milho armazenado hermeticamente. J. Stored Prod. Res. 36, 25-36.

Muir, W. E.; Fraser, B. N. e Sinha, R. N. (1980): Simulation Model of two-dimensional heat transfer in controlled atmosphere grin bins. In: "Controlled Storage Of Grains", Shejbal, J. (Ed.), Elsevier, Amesterdão, pp. 385-397.

Multon, J. L. (1980): Vapor de água e transferência de calor em silos de grãos e suas consequências no armazenamento. In: "Controlled Atmosphere Storage of Grains", Shejbal, J. (Ed.), Elsevier, Amsterdão, pp. 399-408.

Navarro, S. (1978): Os efeitos de baixas tensões de oxigénio em três pragas de insectos de produtos armazenados. Phytoparasitica 6, 51-58.

Navarro S. e Friedlander, A. (1975): O efeito do dióxido de carbono sobre os níveis de lactato e piruvato na hemolinfa de pupas de *Ephestia cautella* (Walker). Comp. Biochem Physiol. B. 50, 187-189.

Navarro S.; Dias R. e Donahaye E. (1985): Tolerância induzida de adultos de *Sitophilus oryzae* ao dióxido de carbono. J. Stored Prod. Res. 21, 207-213.

Nicolas, G. (1977): La narcose par le gaz carbonique. Durée du séjour de l'anesthesique dans le corps du criquet migrateur et recherche des sites de rétention par l'utilisation du[14] C. Bull. Su Zool. França 102, 329-332. **Citado de** Fleurat-lesserd, F. (1990): Efeito das atmosferas modificadas sobre os insectos e ácaros que infestam os produtos armazenados. In: "Food preservation by Modified Atmospheres", Calderon, M. e Raraki-Golan, R.(Eds.), CRC Press, Boca Raton, FL, EUA, pp. 21-38.

O'Dowd E. T. (1971): Hermetic storage of cowpea *(Vigna unguiculata* (L.) Walp.) in small granaries, silos and pits in Nigeria. Sumaru Miscellanous Paper 31. **Citado de** Seek, D; Lognay, G., Haubruge, E; Marlier, M. e Gaspar, C. (1996): Alternative protection of cowpea seeds against *Callosobmshul maculatus* (F.) (coleoptera: Bruchidae) using hermetic storage alone or in combination with *Bo scia senegalensis* (Pers.) Lam ex Poir. J. Stored Prod. Res. 32, 39-44.

Oxley, T. A. e Wickededn, G. (1963): The effect of restricted air supply on some insects which infest grain. Annals of Applied Biology 51, 313-324.

Oxley, T. A.; Hyde, M. B.; Ransom, W. H.; Hall, D. W. e Wright, F. N. (I960): The new bins in Cyprus, Colon. Off. Rep. 14. **Citado de** De Lima, C. P. F. (1990): Armazenamento hermético: princípio e prática. In: "Food preservation by Modified Atmospheres", Calderon, M. e Raraki-Golan, R.(Eds.), CRC Press, Boca Raton, FL, USA, pp. 9-20.

Parkin, E. A. (1965): The onset of insecticide resistance among field populations of stored-product insects. J. StoredProd. Res. 1, 1-38.

Pattionson, M. I. (1969): Description d'une méthode de stockage de grains a la ferma par un procédé de conservation hermétique en utilisant des bidons métalliques. Rapport du project FAO de 1' Institute de Technologie Alimentaire de Dakar (Sénégal), 5 pp. **Citado de** Seek, D; Lognay, G., Haubruge, E; Marlier, M. e Gaspar, C. (1996): Alternative protection of cowpea seeds against *Callosobmshul maculatus* (F.) (coleoptera: Bruchidae) using hermetic storage alone or in combination with *Boscia senegalensis* (Pers.) LamexPoir. J. StoredProd. Res. 32, 39-44.

Person, N.K. e Sorenson, J. W. (1973): Utilização de azoto gasoso para controlar insectos de produtos armazenados em grãos de cereais. Cereal Chem. 47, 679-686.

Press. J. W. e Flaherty, B. R. (1973): Reduction of Fecundity and egg hatch in three stored product Phycitid moths after repetitive sublethal carbon dioxide exposures. Environ. Entomol. 2, 147-155.

Price, N. R. (1985): A review of the mode of action of fumigants. J. Stored Prod.Res.21, 157-164

Price, N. R. e Walter, C. M. (1987): A comparison of some effects of phosphine, hydrogen cyanide and anoxia in the lesser grain borer, *Rhyzopertha dominica* (F.) (Coleoptera: Bostrychidae). Comp. Biochem. Physiol. C. 86, 33-36.

Raccaud-Scholler, J. (1980): Les Insectes, Physiologie, Développment. Msson, Paris, Cap. 8. **Citado de** Fleurat-lesserd, F. (1990): Effect of modified atmospheres on insects and mites infesting stored products. In: "Food preservation by Modified Atmospheres", Calderon, M. e Raraki-Golan, R.(Eds.), CRC Press, Boca-Raton, FL, EUA, pp. 21-38.

Rannfelt, C. (1980): Armazenamento em atmosfera controlada na China. In: "Controlled Atmosphere Storage of Grains", Shejbal, J. (Ed.), Elsevier, Amsterdão, pp. 437-444.

Reichmuth, CH. (1987): Baixo teor de oxigénio para controlar insectos de produtos armazenados. In: "Proceedings of the 4th Int. Working Conf, on Stored- Product Protection", Donahaye, E. e Navarro, S. (Eds.), Maor- Wallach Press, Jerusalém, pp. 194-207.

Reichmuth, CH. e Ofuya, T. I (1993): Atmosferas de baixo oxigénio para o controlo de *Callosobruchus maculatus* (F.) e *Acantoscelides obtectus* (Say). In: "Proceedings of the Int. Conf, of Controlled Atmosphere and Fumigation in Grain Storage", Navarro, S. e Donahaye, E. (Eds.), Winnipeg, Canadá, pp. 115-120.

Richard-Molard, D. (1988): Características gerais da microflora dos cereais e das sementes e principais deteriorações daí resultantes. In: "Preservation and Storage of Grain and Their By-products", Mutton, J. C. (Ed.), Lavoisier, NewYork, pp. 226-242.

Riddle, W. A. (1986): Osmoregulação da hemolinfa em três espécies de escaravelhos. Comp. Biochem. Physiol. A. 83, 619-621.

Ripp, B. E.; De Largie, T. A. e Barry, C. B. (1990): Avanços na aplicação prática da atmosfera controlada para a preservação de grãos na Austrália. In: "Food preservation by Modified Atmospheres", Calderon, M. e Raraki-Golan, R.(Eds.), CRC Press, Boca-Raton, FL, EUA, pp. 151-184.

Ronai, K. S. e Jay, E. G. (1982): Estudos experimentais sobre a utilização de dióxido de carbono para substituir fumigantes convencionais em carregamentos de farinha a granel. Bull Assoc. Operative Millers 8, 3954-3958.

Salih O. M.; Nour A. M. e Harper D. B. (1991): Composição química e nutricional de duas fontes alimentares utilizadas no Sudão, mukheit *(Boscia senegalensis)* e maikah *(Doberaoxbburghï)*. J. Science Food Agric. 57, 367-377.

Sattori, M. R.; Vitti, P. (1991): Influencia do armozenamento hermetico do mihlo contenor de humidade moderadamente elevada sobre suas caracteristicas de moagem pour via umida. Instituto Tecnologia de Alimentos (Brasil) 21, 100-106.

Sauer, D. B.; Meronuck, R. A. e Christensen, C. M. (1992): Microflora. In: "Storage of Cereal Grains and their products", Sauer, D. B. (Ed.), 4th ed. Associação Americana de Químicos de Cereais, St Paul, MN,pp. 313-340.

Schmitz, B. (1984): Scheune, Scheunenvorsteher, Lexikon der Agyptologie Helick, W. e Westendorf, W. (Eds.), Verl. O. Harrassowitz, Wiesbaden. Bd. V, pp. 591-598. **Citado de** Levinson, H. Z. e Levinson, A. R. (1994): Origem do armazenamento de grãos e espécies de insectos que consomem alimentos dessecados. Anz. Schadlingskde., Pflanzenchutz, Umweltschutz 67, 47-59.

Seek, D. (1994): Desenvolvimento de métodos de controlo alternativos contra os principais insectos de grãos armazenados no Senegal, utilizando plantas indígenas. Ph.

Tese de doutoramento (em francês), Gembloux, Faculté des Sciences agronomiques. **Citado de** Seek, D; Lognay, G., Haubruge, E; Marlier, M. e Gaspar, C. (1996): Alternative protection of cowpea seeds against *Callosobmshul maculatus* (F.) (coleoptera: Bruchidae) using hermetic storage alone or in combination with *Boscia senegalensis* (Pers.) Lam ex Poir. J. Stored Prod. Res. 32, 39-44.

Seck,D.;Lognay, G.; Haubruge,E.;Wathelet, J.-P.;Marlier,M.; Gaspar, C. e Severin M. (1993): Atividade biológica do arbusto *Boscia senegalensis (*Pers.) Lam. ex Poir. (Capparaceae) sobre insectos de grãos armazenados. J. Chem. Ecol. 19, 377-389.

Seek, D; Lognay, G., Haubruge, E; Marlier, M. e Gaspar, C. (1996): Alternative protection of cowpea seeds against *Callosobruchus maculatus* (F.) (coleoptera: Bruchidae) using hermetic storage alone or in combination with *Boscia senegalensis* (Pers.) Lam ex Poir. J. StoredProd. Res. 32, 39-44.

Shejbal, J. (1980): Armazenabilidade de grãos de cereais e sementes oleaginosas em azoto. In: "Controlled Atmosphere Storage of Grains", Shejbal, J. (Ed.), Elsvier, Amesterdão, pp. 185-189.

Shejbal, J.; Tonolo, A. e Careri, G. (1973): Conservação do trigo em silos sob azoto. Ann. Technol. Agric. 22, 773-785.

Sigout, F. (1980): Importância da armazenagem subterrânea no sistema tradicional de produção de cereais. In: "Controlled Atmosphere Storage of Grains", Shejbal, J. (Ed.), Elsevier, Amesterdão, pp. 3-13.

Sillans, D. (1977): Effect de l'anesthésie chez les insectes. In: "C. R. 4th Coll. Physiologie de 1' Insecte", Métabolisme, Univ. Bordeaux (I, Ed.), pp. 69-70. **Citado de** Fleurat-lesserd, F. (1990): Efeito das atmosferas modificadas sobre os insectos e ácaros que infestam os produtos armazenados. In: "Food preservation by Modified Atmospheres", Calderon, M. e Raraki-Golan, R.(Eds.), CRC Press, Boca Raton, FL, EUA, pp. 21-38.

Singh, N. B.; Campbell, A. e Sinha, R. N. (1976): Um orçamento energético de *Sitophilus orzae* (Coleoptera: Curculationidae). Ann. Entomol. Soc. America 69, 503-512.

Soderstrom, E. L.; Brandl, D. G. e Mackey, G. (1991): Response of *Cydia pomonella* (L.) (Lepidoptera: Tortricidae) adults and eggs to oxygen deficient or carbon dioxide enriched atmospheres. J. Stored Prod.Res. 27, 95-101.

Soderstrom, E. L.; Brandl, D. G. e Mackey, G. (1996): Tratamento a alta temperatura e em atmosfera controlada de nozes infestadas com traça-do-cacau (Lepidoptera: Tortricidae) utilizando uma câmara de tratamento estanque ao gás. J. Econ. Entomol. 89, 712-714.

Spaffored, W. J. (1939): Armazenamento de grãos soltos na Austrália do Sul. J. Dept. Stored Aust. 43, 1-16. **Citado de** De Lima, C. P. F. (1990): Armazenamento hermético: princípio e prática. In: "Food preservation by Modified Atmospheres", Calderon, M. e Raraki-Golan, R.(Eds.), CRC Press, Boca Raton, FL, USA, pp. 9-20.

Storey, C. L. (1975): Mortality of adult stored-product insects in an atmosphere produced by an exothermic inert atmosphere generator (Mortalidade de insectos adultos de produtos armazenados numa atmosfera produzida por um gerador de atmosfera inerte exotérmica). J. Econ. Entomol. 68, 316-318.

Storey, C. L. (1977): Mortalidade do verme da laranja de umbigo numa atmosfera de baixo oxigénio. J. Econ. Entomol. 70, 95-97.

Storey, C. L. (1978): Mortality of cowpea weevil in a low-oxygen atmosphere. J. Econ. Entomol. 71, 833-834.

Tunc I. (1983): The effect of low oxygen-and high carbon dioxide atmospheres on the eggs and larvae of *Plodia interpunctella* (Hübner). Zeitschrift fur angewandte Entomolegie 95, 53-57.

USEPA (1993): Preliminary use and substitute analysis of MBr in agricultural and other uses, Draft report, preparado pelo Office of Air and Radiation, United States Environmental Protection Agency. **Citado de** Moreno, M. E.;JiméneZ. S. e Vazquez, M. E. (2000): Efeito de *Sitophilus zeamais* e *Aspergillus chevalieri* sobre o nível de oxigénio no milho armazenado hermeticamente. J. Stored Prod. Res. 36, 25-36.

Vamava, A.; Navarro, S. e Donahaye, E. (1995): Armazenamento hermético a longo prazo de cevada em plataforma de betão coberta de PVC em condições mediterrânicas. Post-harvest Biol, and Technol. 6, 177186.

Vayssiere, P. (1948): Armazenamento hermético, o processo do futuro para a proteção dos géneros alimentícios. FAO, Agric. Studies 2, 115-122.

Wigglesworth, V. B. (1965): Os Princípios da Fisiologia dos Insectos, 6th Ed., Methuen, Londres, 546p.

Wigglesworth, V. B. (1972): Os Princípios da Fisiologia dos Insectos, 7th Ed., Chapman e Hall. Londres, 827 p.

Wigglesworth, V. B. (1983): A fisiologia das traqueolas de insectos. Adv. Insect Physiol. 17, 85-92. **Citado de** Fleurat-lesserd, F. (1990): Effect of modified atmospheres on insects and mites infesting stored products. In: "Food preservation by Modified Atmospheres", Calderon, M. e Raraki-Golan, R.(Eds.), CRC Press, Boca-Raton, FL, EUA, pp. 21-38.

Wilkinson, J. G. (1837): Manners and Customs of the Ancient Egyptians, Murray, J., (Ed.), Londres, Vol. II, pp. 135-136. **Citado de** Levinson, H. Z. e Levinson, A. R. (1994): Origem do armazenamento de grãos e espécies de insectos que consomem alimentos dessecados. Anz. Schadlingskde., Pflanzenchutz, Umweltschutz 67, 47-59.

Williams, J. H. e Wilbur, D. A. (1968): Ambientes respiratórios de gorgulhos infestantes de cereais. I. Comparação das atmosferas de criação em frascos de cultura e em laboratório. J. Econ. Entomol. 61, 345-348.

Williams, J. H. e Wilbur, D. A. (1989): Ambientes respiratórios de gorgulhos infestantes de cereais. I. Comparação das populações respiratórias de três espécies de gorgulhos dos cereais. J. Econ. Entomol. 62, 693-697.

Wilson, M. T. (1999): A model for predicting mould growth and subsequent heat generation in bulk stored grain (Um modelo para prever o crescimento de bolores e a subsequente geração de calor em grãos armazenados a granel). J. Stored Prod. Res. 35, 1-13.

Yamamoto, A. e Mitsuda, H. (1980): Características da adsorção de gás dióxido de carbono por grãos e seus componentes. In: "Controlled Atmosphere Storage of Grains", Shejbal, J. (Ed.), Elsevier, Amesterdão, pp. 247-251.

Zhang, O.; Muir, W. E.; Sinha, R. N. e Cenkowski, S. (1992): Produção de calor em trigo húmido em condições adiabáticas. Canadian Agricultural Engineering 34, 233-238.

I want morebooks!

Buy your books fast and straightforward online - at one of world's fastest growing online book stores! Environmentally sound due to Print-on-Demand technologies.

Buy your books online at
www.morebooks.shop

Compre os seus livros mais rápido e diretamente na internet, em uma das livrarias on-line com o maior crescimento no mundo! Produção que protege o meio ambiente através das tecnologias de impressão sob demanda.

Compre os seus livros on-line em
www.morebooks.shop